D0752843

Le guide des mamans débutantes

Anne Bacus

marabout family

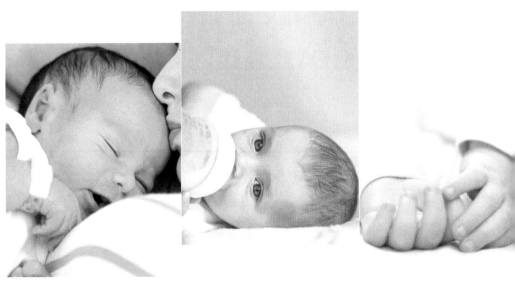

© MARABOUT (Hachette Livre), 2014.

Illustrations : Iris Glon.

Le guide des mamans débutantes

marabout family

INTRODUCTION

Le livre est devenu le partenaire obligé de la femme enceinte et des jeunes parents. Les conseils entendus sont si contradictoires, les modes si fragiles, les nouveaux parents si inexpérimentés et l'exigence de réussite si grande, qu'il faut maintenant des manuels pour retrouver son instinct et des idées de bon sens. Autrefois, dans nos pays, et encore maintenant dans quelques régions du monde, les jeunes femmes arrivaient préparées à la maternité. Les autres femmes de la famille ou du groupe leur avaient transmis la manière traditionnelle d'attendre un enfant et de s'en occuper. Ce savoir n'était sans doute pas scientifique, mais, plein d'expérience et de sagesse, il rassurait et guidait. Aujourd'hui les « experts » ont remplacé la tradition et les médecins ont remplacé les femmes de la famille. Le problème est que les modes et les conseils ont changé souvent. Si les femmes sont mieux informées (mais le sont-elles vraiment ? hors d'un cercle privilégié, il est permis d'en douter), elles sont moins bien préparées, et tout cela génère de l'anxiété dont la famille fait les frais.

Je n'ai pas souhaité faire un ouvrage de plus sur la question mais un guide destiné aux parents convaincus qu'il faut tenter de dépasser les phénomènes de mode pour se remettre à l'écoute de l'enfant. En tant que mère, j'ai écrit le livre que j'aurais aimé trouver lorsque mon premier enfant est né. En tant que psychologue de crèche, vivant au contact des mères et des enfants, il m'a semblé important de dépasser les problèmes de couches et de biberons pour parler du bébé comme d'une personne humaine et pas seulement comme d'un objet de soins attentifs. J'ai souhaité faire un livre différent des autres, qui insisterait moins sur le médical, le pathologique ou l'exceptionnel, moins sur les règles de puériculture, toujours sujettes à caution, mais développerait longuement les aspects concrets et relationnels de la vie de tous les jours.

Une compétence instinctive

Les conseils de puériculture ne sont pas très importants : ils ont changé souvent et changeront encore. Ne les suivez que s'ils vous semblent pertinents et en accord avec votre sentiment profond et avec ce que vous connaissez de votre bébé. Comme l'a développé le pédiatre et psychanalyste britannique Donald Winnicott, la mère, pendant les premiers mois de la vie de son bébé, se trouve dans un état de «préoccupation maternelle primaire» qui fait d'elle la plus compétente pour répondre de manière adéquate aux besoins de son enfant. Personne ne le connaît mieux qu'elle car elle s'y identifie instinctivement. Noyer cette mère de conseils techniques et rigides ne peut que troubler cette merveilleuse et instinctive compétence qu'elle a pour prendre soin de son bébé. L'idée de ce livre est plutôt de renforcer cette compétence, cette sensibilité au bébé, cette confiance en soi : les parents sont les premiers spécialistes de leur bébé.

Un nouveau regard sur le bébé

Depuis quelques années, du fait de nouvelles recherches et connaissances sur le fœtus et sur le nouveau-né, le regard que l'on porte sur les jeunes enfants a changé : la façon de les élever également. On ne s'occupe plus des bébés aujourd'hui comme hier. Il n'est plus possible avec ce que l'on sait maintenant, quoi qu'en disent certaines grands-mères ou voisines, de mettre sur le pot un enfant d'un an, de laisser pleurer un nouveau-né pour qu'il fasse ses poumons, de suralimenter un petit parce que «être rond est un gage de santé» ou de lui attacher les mains le long du corps pour l'empêcher de sucer son pouce. Mais ses «nouvelles compétences» mises en évidence ne justifient pas non plus qu'on lui passe tout pour ne pas le traumatiser ou qu'on lui apprenne à lire le japonais à l'âge de six mois. Il est dépassé également, dans une société comme la nôtre, de perdre un temps fou à appliquer des règles d'hygiène, de rigueur et de perfection. En revanche, on a découvert que le nourrisson était merveilleusement équipé pour communiquer, se faire aimer, se faire comprendre et réguler seul la quantité de nourriture et de sommeil dont il a besoin. Le respecter, c'est aussi être à son écoute et lui faire confiance. Passer du temps avec lui et non pour lui.

L'essentiel, pour moi, est de donner confiance aux parents dans leur valeur en tant qu'éducateurs, afin qu'ils puissent, progressivement, trouver eux-mêmes leurs réponses. J'ai voulu aborder avec eux les vraies questions que se posent les parents d'aujourd'hui, qui concernent l'éveil, l'équilibre et l'épanouissement physique, social, affectif et intellectuel de leur enfant.

Chaque enfant est unique

S'il tient compte des nouvelles découvertes, ce livre s'appuie avant tout sur l'expérience et le bon sens. Il aidera les parents, je l'espère, à trouver l'attitude appropriée à leur enfant. Dans ce but, il fournit des informations et des conseils qui ont fait leurs preuves. Mais surtout, il permet aux parents de comprendre qui est leur enfant. Le connaissant mieux, ils peuvent se mettre à sa place et agir en accord avec lui, en complicité plutôt qu'en malentendu.

Quelles grandes étapes traverse-t-il ? À quelles difficultés et à quelles peurs est-il confronté ? Que se passe-t-il dans sa tête et dans son corps à tel ou tel âge ? Ce livre répond à cela. Donner à son enfant tout ce qui est nécessaire d'amour, d'expérience et d'éducation pour qu'il se développe de la meilleure façon ne demande nullement un don ou des études particulières. Un mélange de tendresse, de patience, d'écoute, d'enthousiasme, de connaissances et de réflexion donne d'excellents résultats.

Un jour ou l'autre, tout parent se sent perdu et démuni devant son enfant qui semble pleurer sans raison, qui refuse la cuiller, qui se met à avoir peur du bain, qui tarde à être propre, qui se relève la nuit ou qui se plonge dans d'effroyables colères. On se voudrait calme et disponible, ferme et tendre, on se retrouve épuisée et tendue, ne sachant s'il faut laisser faire, consoler ou sévir.

J'aurais aimé vous parler simplement de votre enfant en ce qu'il a d'unique. Parce que chaque famille a sa particularité et sa culture, que chaque parent a son histoire, un simple livre ne peut suffire à répondre précisément à toutes les interrogations. Aussi est-ce à chacun de prendre ses responsabilités et de déterminer, en relative connaissance de cause, ses choix éducatifs. Mes conseils, s'ils sont psychologiques, et forcément culturels, s'efforcent de n'être que des repères, des points de départ pour une réflexion. À chaque parent, à sa manière, de faire ses choix et d'inclure l'enfant dans une relation de confiance, de respect, de sécurité et d'amour.

Se préparer
et s'organiser

Neuf mois de grossesse, ce n'est pas un temps trop long pour se préparer psychologiquement à la venue d'un bébé et pour lui aménager une place dans sa vie. Le nouveau-né est tout petit, mais l'espace qu'il occupe ne l'est pas ! Je ne parle pas seulement de l'abondant matériel qu'il va falloir prévoir, mais surtout du bouleversement que la venue d'un bébé va entraîner dans la vie de ses parents. Déjà, avant la naissance, ils sont très occupés : aménager un coin pour bébé, s'équiper, préparer le trousseau, chercher un mode de garde. Quand la date se rapproche, il faut prévoir la valise pour la maternité et la couleur des faire-part, remplir le congélateur, se mettre enfin d'accord sur les prénoms choisis. Sans compter le temps pour rêver, caresser le bébé blotti dans son abri, faire des projets, des câlins, et se raconter à deux combien la vie sera douce à trois.

Aménager l'espace

Profitez de votre congé maternité pour aménager le coin de votre bébé. Les premiers jours à la maison seront plus calmes si tout est prêt pour le recevoir.

❯ Le coin de bébé

Qu'il ait sa chambre ou qu'il la partage, l'essentiel est qu'il ait un coin à lui, lumineux et calme, au besoin isolé par un rideau ou un paravent. Le lit sera de préférence près de la porte, et à l'abri des courants d'air.

Choisissez des revêtements lavables et faciles à entretenir. Évitez la moquette de couleur claire, sauf si elle est garantie «anti-taches». Le lino est peut-être moins doux à l'œil, mais beaucoup plus résistant. Les dalles offrent l'avantage de pouvoir se remplacer à l'unité en cas de besoin. Peinture murale et papier peint doivent aussi être choisis plus en fonction de l'usage qui en sera fait que du seul point de vue esthétique. Pour une peinture, choisissez une teinte discrète que vous relèverez avec des motifs de couleurs vives. Prenez-la impérativement sans plomb. Pour un papier peint, attention aux décors «bébé» qui ne conviennent pas longtemps à l'âge de l'enfant. Mieux vaut un fond discret, orné d'une frise «Babar» ou «nounours» que l'on pourra changer.

L'éclairage idéal est une lampe dont on peut régler l'intensité lumineuse. Vous la réglerez au minimum lorsque vous viendrez voir votre bébé la nuit, mais plus fort quand il faudra retrouver la tétine qui aura roulé sous le lit... Si la fenêtre ne possède pas de volet, prévoyez des doubles rideaux pour obscurcir la pièce.

❯ Décorer

Pour la décoration, les couleurs traditionnelles comme le blanc, le bleu ciel et le rose cèdent progressivement la place à des teintes plus chaleureuses, ce qui est une bonne chose. Le bébé s'éveille davantage si sa chambre est gaie. Il suffit de quelques éléments de couleurs vives sur un fond mural plus neutre.

La stimulation visuelle vient aussi :

• des affiches que l'on accroche au mur ;

• du mobile suspendu au-dessus du lit ;

• du miroir incassable que l'on suspend à côté de lui ;

• des étoiles fluorescentes que l'on colle au plafond.

❯ Les meubles

• Les meubles doivent être solides, recouverts de peinture non toxique, pratiques et faciles à nettoyer. Arrondissez les coins des meubles «à hauteur d'enfant».

• Le mobilier évolutif est plus cher à l'achat mais sera rentabilisé au cours des années suivantes. Choisissez de préférence des marques qui possèdent le label NF : elles suivent leurs modèles

Jouez la sécurité

• Ne placez jamais sous la fenêtre des meubles que l'enfant pourra un jour avoir envie d'escalader.

• Fixez solidement au mur les étagères et les meubles hauts.

• Si vous décidez de mettre un tapis dans la chambre, prévoyez un système antidérapant.

• S'il y a du parquet, poncez-le bien pour éviter les échardes et bouchez les intersitices pour éviter qu'ils deviennent un nid à acariens. Un plancher vitrifié se lave plus facilement.

• Attention au système électrique : pas de rallonge ; des cache-prises ou des prises de sécurité partout. Faites installer les prises électriques en hauteur (1,30 m).

• Utilisez uniquement des lampes qui respectent les normes de très basse tension (moins de 24 W).

sur des années et peuvent fournir des pièces détachées.

• Prévoyez beaucoup d'espaces de rangements (tiroirs et étagères) : les affaires de bébé prennent beaucoup de place ! Pour les petits jouets, les bacs en plastique de couleurs vives montés sur roulettes sont très pratiques.

• Les étagères sont pratiques pour tout ce qui doit être hors de portée de l'enfant. Mais n'en installez jamais au-dessus du lit de l'enfant. Il y a toujours un risque pour qu'il en reçoive le contenu sur la tête !

⊙ Le coin du change

Outre la table à langer (à défaut, une planche posée sur des tréteaux un peu haut et recouverte d'un matelas à langer), veillez à avoir à portée de main :

• un robinet et un lavabo (pas indispensable, mais pratique) ;

• des étagères en hauteur pour ranger les produits de toilette ;

• une corbeille qui ferme pour jeter les couches sales ;

• des tiroirs pour les couches propres, les serviettes, etc. ;

• un dévidoir de papier absorbant ;

• un mobile pour distraire bébé ;

• des crochets au mur pour suspendre gant, serviette, pyjama.

Les trucs qui simplifient la vie

• Installez dans la chambre un fauteuil bas et confortable. Vous apprécierez d'être bien installée et d'avoir le bras soutenu lorsqu'il faudra allaiter à toute heure du jour et de la nuit...

• Accrochez au mur un grand tableau blanc magnétique muni de petits aimants. Il permet de garder sous les yeux l'ordonnance ou le numéro des urgences. Il sert de pense-bête et permet d'accrocher le petit chausson qui traîne.

Derniers préparatifs

Il est souhaitable d'acheter avant la naissance, quand on est encore disponible, le matériel dont on aura besoin dès le retour à la maison. Les dernières semaines sont aussi l'occasion d'arrêter ensemble le choix du prénom.

➡ Le gros équipement

La quantité d'objets, meubles et accessoires que vous devez vous procurer est impressionnante. Certains ne peuvent s'improviser, et doivent être choisis parmi les modèles respectant les normes de sécurité. D'autres peuvent se bricoler ou s'inventer. D'autres, enfin, sont pratiques mais pas indispensables : des jeunes mamans de votre entourage pourront vous renseigner. Pour vous équiper, pensez aux copines ou cousines qui ont accouché il n'y a pas si longtemps : le marché « seconde main » se développe de plus en plus dans le domaine de la puériculture. Les bébés grandissent si vite ! Certains objets ou vêtements, nécessaires à un certain âge, n'ont pas eu le temps de s'user alors qu'ils ne sont déjà plus adaptés. Enfin n'oubliez pas que votre pharmacien peut vous louer du matériel (berceau, balance, etc.), ce qui est souvent intéressant.

Pour les grosses pièces, prenez le temps de visiter plusieurs magasins et de consulter les catalogues avant de vous décider. Vous gagnerez à choisir du matériel « premier âge » de bonne qualité, surtout si vous envisagez qu'il serve pour plusieurs enfants. Pour tout ce qui n'est pas urgent (qui servira lorsque l'enfant aura six mois et plus), vous pouvez, une fois votre choix fait, faire circuler une « liste de naissance » parmi la famille et les amis. Cela vaut mieux que d'accumuler vingt grenouillères taille naissance ou quinze chats en peluche.

À la maison

• Les tables à langer du commerce sont pratiques mais encombrantes. Un dessus de commode ou une ancienne table d'ordinateur peuvent aussi faire l'affaire. L'essentiel est que la hauteur soit bonne (vous ne devez pas vous pencher en avant pour changer l'enfant), que la surface soit lavable et que vous disposiez d'espaces de rangements. Quant aux matelas, rembourrés avec un bloc de mousse ils sont plus solides. Pour éviter le contact froid du plastique contre la peau du bébé, fabriquez deux ou trois housses en cousant ensemble deux vieilles serviettes de toilette ou glissez le matelas dans deux taies d'oreiller que vous changerez régulièrement.

• Choisi solide, le couffin peut tout à fait servir de lit au nouveau-né. Il a l'intérêt de pouvoir être transporté de pièce en pièce et facilement emmené en déplacement. Mais attention, un couffin ne peut en aucun cas remplacer un lit-auto.

• Un berceau, c'est ravissant, mais c'est un investissement important et pas très utile. Ne craquez que si vous en rêvez vraiment. Certains bébés

Des achats réfléchis

Pendant les six premiers mois, le bébé grandit très vite et se salit souvent : il faut beaucoup de changes. Durant la même période, il utilise du matériel qui ne servira plus par la suite (baignoire de bébé, landau, berceau, couffin, lit-auto, etc.). N'investissez que si vous prévoyez déjà la venue d'autres enfants...

Tout votre équipement n'a pas besoin d'être neuf ou dernier cri. Faites-vous prêter du matériel ou bien achetez-en d'occasion.

Méfiez-vous des listes fournies par les manuels de puériculture. Renseignez-vous plutôt auprès de vos amies pour savoir ce qui est pratique et utile.

héritent du berceau familial, d'autres d'un berceau loué ou prêté.

- Le transat est en revanche un équipement indispensable. Il vous servira tant que votre enfant ne se tiendra pas assis seul. Choisissez un modèle solide, avec un système d'attaches réglables selon le poids de votre enfant, à armature rigide ou en toile.

- La baignoire en plastique est inutile si vous lavez votre bébé dans le lavabo, mais sera nécessaire lorsqu'il grandira. Vous pouvez la remplacer par une grande bassine.

Pour la balade

- Si vous rêvez depuis toujours d'un vrai landau traditionnel, faites-vous plaisir. Mais sachez que le landau-poussette

transformable sera nettement plus maniable et plus économique. Un landau confortable peut, dans un premier temps, servir de lit.

- Facultatif, le porte-bébé est pratique et peu onéreux. La forme « kangourou » est la plus classique, mais à vous de choisir ce qui vous convient le mieux. L'essentiel est qu'il soit solide, facile à enfiler, et que vous et votre bébé vous sentiez bien l'un contre l'autre. Vous pouvez aussi vous procurer une écharpe de portage, très à la mode chez les jeunes mamans. Y installer son enfant de manière tout à fait sécurisée demande un certain savoir-faire, vite acquis avec un peu de pratique. Porte-bébé et écharpes ont le même résultat : votre bébé est tenu sur votre ventre, la tête posée sur le cœur, bien au chaud contre vous. Ils ont aussi le mérite de vous laisser les mains libres. Quant au bébé, il s'y calme très vite...

- La poussette n'est pas nécessaire au début si vous avez un landau. Mais elle va vite se révéler indispensable. Autant la choisir d'emblée solide, évolutive, munie d'une capote pour la pluie et de roues pivotantes (plus maniable).

• Dernier élément indispensable pour transporter un bébé en voiture jusqu'à l'âge de six mois (neuf pour le siège), le lit-auto ou le siège-baquet dos à la route. Procurez-vous un système conforme aux normes de sécurité. Maniable, le lit-auto peut aussi servir de lit d'appoint pendant quelques mois.

⊙ Le petit matériel

Il vous faudra encore acquérir :

• des biberons premier âge avec leurs tétines, clairement gradués (un ou deux si vous allaitez, sept si vous n'allaitez pas);

• un système de stérilisation;

• un chauffe-biberon (casserole d'eau chaude ou four à micro-ondes peuvent vous en dispenser);

• des bouteilles d'eau pour bébé;

• un stock de couches premier âge.

Dans quelques mois, il vous faudra compléter votre équipement avec une chaise haute, un siège-auto, un parc et un lit de bébé à barreaux.

⊙ Le trousseau de bébé

On ne connaît jamais précisément la date de l'accouchement, aussi le trousseau de votre bébé doit-il être prêt dès le huitième mois.

Durant les premières semaines, le bébé passe une grande partie de son temps à dormir. Le vêtement dans lequel il est le mieux, c'est le pyjama une pièce en tissu extensible, autrement appelé grenouillère. Choisissez les vêtements un peu grands (taille trois mois pour la naissance, sauf si le bébé est tout petit).

Par la suite, vous tiendrez compte, dans vos achats, plus de sa conformation que de son âge. N'achetez que des textiles doux, confortables, souples, qui se lavent en machine et ne se repassent pas. Choisissez de préférence des vêtements qui ne se passent pas par la tête, qui ne se boutonnent pas dans le dos et qui s'ouvrent par le bas pour changer la couche. Avec un petit bébé, faites toujours passer le confort et l'aspect pratique en priorité.

Enfin, pensez que vous recevrez probablement de la layette en cadeau de naissance. Donc, évitez de vous livrer à des achats trop importants...

Les indispensables

• 4 bodies en coton

• 6 grenouillères en tissu éponge

• 2 gilets

• 6 paires de chaussettes

• 1 nid d'ange ou 1 combinaison molletonnée pour l'extérieur

• 1 bonnet

• 6 bavoirs

• 2 surpyjamas (ou gigoteuses)

• 2 alèses pour le matelas

• 1 couverture légère et douce

• 4 petits draps ou draps housses

⊙ Les derniers préparatifs

Il est sage de préparer votre valise dès le huitième mois afin d'être prête si le bébé se présente avec un peu d'avance. Outre les affaires du bébé, vous devez aussi mettre dans la valise ce dont vous pourrez avoir besoin à la maternité. La liste qui suit est à moduler selon que vous souhaitez allaiter ou non, selon vos goûts et en fonction des exigences de la maternité.

Votre valise

- 2 chemises de nuit ouvertes devant et une robe de chambre

- 1 paire de chaussons

- 1 trousse de toilette

- 2 serviettes de toilette et 2 gants

- 1 sèche-cheveux

- 2 soutiens-gorge d'allaitement

- Des slips jetables

- Le livret de famille

- Le carnet de maternité

- Votre carnet d'adresses

- De quoi écrire

- De quoi écouter de la musique

- Des magazines et des livres

Dans les derniers jours de la grossesse, pensez à remplir le congélateur. À votre retour de la maternité, vous serez très contente de n'avoir qu'à réchauffer des plats plutôt qu'à cuisiner.

Enfin, c'est aussi le moment de choisir les faire-part, de dresser la liste des personnes à qui vous les enverrez. Vous pouvez également écrire les adresses sur les enveloppes.

⊙ Décider d'un prénom

Le temps est loin où l'on se contentait, le jour J, de choisir le prénom du saint du calendrier ou de reprendre par tradition celui du grand-père. Les parents veulent pour leur enfant un prénom original mais pas trop, peu courant mais pas trop difficile à porter non plus…

Il existe deux écueils principaux. Le premier est de rechercher l'originalité à tout prix. Car comment savoir si votre enfant aura envie de se distinguer de manière aussi manifeste ? Certains prénoms sont difficiles à porter et il faut en tenir compte.

L'autre écueil est l'effet de mode. Les enfants risquent d'être plusieurs dans la classe à porter le même prénom. Ce prénom, si courant pendant quelques années, pourra paraître démodé ensuite.

Un choix important

Le choix du prénom mérite qu'on y passe du temps. C'est le mot qui sera accolé à cet être toute son existence (on constate que même ceux qui n'aiment pas leur prénom en changent rarement). L'enfant s'identifiera à ce prénom au point, disent certains, d'en faire une part de sa personnalité et de son caractère.

Certains prénoms ont une signification, d'autres une sonorité ou une histoire particulières. Le prénom a une fonction sociale (il signe une appartenance à un groupe socioculturel), une fonction familiale (lorsqu'il reprend le prénom d'une personne aimée ou s'inscrit dans la tradition d'une lignée), une fonction religieuse ou culturelle.

Dans tous les cas, il témoigne du projet que les parents ont pour cet enfant particulier. Aussi est-il intéressant de mettre à jour ce que ce choix recouvre, consciemment ou inconsciemment.

Le séjour
à la maternité

Le grand jour est arrivé. Quelle joie – parfois mêlée d'inquiétude – à l'idée de faire enfin connaissance après cette longue attente ! Neuf mois de cohabitation vous ont déjà permis d'entamer un dialogue qui va maintenant largement s'enrichir lors de sa venue au monde. Si tout s'est bien passé, votre bébé, à peine sorti, est placé sur votre ventre, la tête enfouie près de vos seins, les jambes repliées sur vous. Il prend doucement sa respiration. C'est une fille, ou bien c'est un garçon, découverte annoncée ou confirmation de l'échographie. Il a dix doigts minuscules, un nez retroussé... Tout commence.

Faire connaissance

Ou plutôt continuer... parce qu'il est évident que le dialogue avec le bébé était déjà entamé pendant la grossesse. Mais les jours passés à la maternité sont vraiment le moment idéal pour que, pleine d'amour et de disponibilité, vous approfondissiez la rencontre avec votre bébé à peine né.

À quoi il ressemble

Il est là, enfin, dans vos bras... Votre bébé est le plus beau du monde. Lisse, rond et rose... Non? Allons, il le sera dans quelques jours. Pour l'instant, il a peut-être:

• la peau couverte d'un enduit blanc et visqueux. C'est le vernix. Il a recouvert son épiderme et l'a protégé. Il a aussi aidé à le «faire glisser» lors de l'accouchement. Le vernix s'enlève lorsqu'on lave l'enfant, mais il est préférable de le laisser disparaître tout seul, ce qui est fait en un ou deux jours.

• le teint jaune. Il s'agit de l'ictère du nouveau-né, phénomène qui traduit la destruction de certains globules rouges devenus inutiles et qui, dans sa forme banale, ne nécessite aucun traitement. Il faut souvent quelques jours pour que la peau du bébé prenne sa jolie teinte rose. Les marques de naissance, taches couleur lie-de-vin situées en général à l'arrière du crâne, sont aussi très fréquentes. Elles mettront quelques mois à disparaître.

• une grosse tête, vaguement déformée, asymétrique ou «en pain de sucre». La tête des bébés paraît grosse en comparaison de la nôtre, car elle représente, en proportion, une plus grosse partie de son corps (un quart de sa taille globale). De plus, les os du crâne du bébé ne sont pas encore soudés et les pressions subies par le crâne lors de l'accouchement ont pu le déformer légèrement. Cela se remet en place tout seul.

• une abondante chevelure et des poils sur les épaules, le dos, les oreilles ou le front. Cela est fréquent: tous ces poils disparaîtront en quelques semaines.

• des petits points blancs sur le nez, des taches rouges sur le visage ou sur la nuque. Ils disparaîtront aussi, les premiers plus rapidement que les secondes, mais elles seront vite cachées par les cheveux.

• les yeux bleus ou gris foncés. Cela ne signifie pas qu'il aura les yeux bleus. Il faut plusieurs mois, parfois plusieurs années, avant que les yeux du bébé prennent leur teinte définitive.

Au moment de sa naissance, l'aspect de votre nouveau-né peut vous surprendre... Tout cela va s'arranger très vite.

Juste après la naissance

Votre bébé est posé sur votre ventre, encore tout gluant, la respiration à peine établie. Placez le bébé à plat ventre sur vous, la tête près de vos seins, ses jambes repliées sur vous. Posez largement vos mains sur son dos et massez-le tout doucement.

Il est bien que son premier contact soit avec vous, peau à peau, quand cela est possible, et non avec une sage-femme ou avec un lange. Si le père est présent, il peut lui aussi avoir ce contact très précoce avec son bébé en posant sa main près de la vôtre.

Tout contre vous

Votre bébé retrouve le bruit des battements de votre cœur, qui l'a bercé pendant toute la période intra-utérine. Retrouver ce même bruit « au-dehors » est un élément important d'apaisement chez le nouveau-né. Contre vos seins, il repère votre odeur et présente déjà le réflexe de s'y enfouir.

Si vous et son père parlez à votre bébé, l'appelez par son nom, il retrouvera vos voix, dont il a perçu les vibrations avant même de les entendre. Ces voix sont forcément perçues différemment de ce que le bébé entendait quand il était dans votre ventre, mais elles ont les mêmes inflexions et les mêmes accents, ce qui fait que votre bébé pourra les reconnaître.

Dans les heures qui suivent

Si l'accouchement s'est bien déroulé, le bébé reste près de sa mère pendant deux heures environ, en salle de travail. S'il est en couveuse, vous pouvez demander que celle-ci soit placée près de vous, à portée de main. Vous serez étonnée de voir votre enfant aussi éveillé, calme, tranquille et attentif. Comme si cette « tempête » dont il sort était déjà oubliée. Le nouveau-né est totalement réceptif à votre regard, à vos paroles et sensible, n'en doutez pas, à l'accueil que vous lui faites.

L'accordage

Ce que les spécialistes appellent parfois « l'accordage », c'est-à-dire l'accord qui se crée entre le nouveau-né et sa mère, mais aussi avec son père, commence dès la venue au monde. Utilisez ces moments pour :

• parler doucement à votre bébé ;

• continuer à le caresser tendrement, sur la tête, le long du dos, sur tout le corps… De vraies caresses lentes et douces peuvent être, en plus du plaisir que vous en retirerez tous les deux, d'un grand bienfait sur le plan physiologique ;

• placer votre bébé au sein si vous souhaitez l'allaiter.

Ces deux heures de doux tête-à-tête écoulées, vous allez vous rendre dans votre chambre pour prendre un

À savoir

Une puéricultrice ou une sage-femme va emmener votre bébé quelques minutes pour un examen rapide : dégagement des voies respiratoires et digestives, collyre, toilette, pose du petit bracelet d'identification. Puis votre bébé vous sera rendu et vous pourrez faire mieux connaissance. Parfois un bain lui sera donné juste à côté de vous. Enfin, au bout d'une heure ou deux si tout va bien, vous vous retrouverez ensemble dans la chambre et vous pourrez faire connaissance tout à loisir.

peu de nourriture et de repos. Vous retrouverez votre bébé un peu plus tard, vêtu et couché au fond de son berceau, désireux, comme vous l'êtes, de vous retrouver.

Il arrive qu'un problème de santé affecte la mère ou l'enfant et les empêche de profiter au mieux de ces premières heures. Si c'est votre cas, n'en soyez pas trop déçue : dès que vous le pourrez, vous rattraperez le temps perdu par un surcroît d'attention et de tendresse.

◯ Les compétences des nouveau-nés

Le bébé naît toujours aussi démuni, inachevé et dépendant. Mais depuis l'avènement de la «bébologie», qui se donne pour objet l'étude des compétences et comportements des bébés, on sait que ces derniers sont des «vraies personnes» (ce dont les mères n'avaient jamais douté...). On sait désormais que :

• le nouveau-né entend et voit ;

• il réagit aux caresses ;

• il reconnaît l'odeur et la voix de sa mère, puis de son père ;

• il est sensible aux voix et aux paroles prononcées ;

• il marque des préférences auditives, visuelles et gustatives ;

• il cherche le regard et le fixe ;

• il imite des mimiques faciales ;

• il apprend et sait moduler son comportement selon les situations ;

• il cherche à communiquer avec d'autres êtres humains.

Cette dernière compétence est la plus importante et la plus réelle. Comme l'écrit le pédiatre Marie Thirion, le bébé «est capable d'anticiper sur son propre développement et de montrer un cerveau actif et agissant, capable, dès la naissance, de communication sociale profonde et de choix».

◯ Son premier bilan de santé

Avant de quitter la maternité, votre bébé passera, en votre présence, un examen médical approfondi effectué par le pédiatre de l'établissement et destiné à vérifier que tout va bien. Il est important que ce bilan se déroule à un moment où le bébé est en éveil, disponible et calme. Tout cet examen est un peu éprouvant pour lui, mais rassure souvent les parents qui en profitent pour poser leurs dernières questions au pédiatre.

• Examen des sutures des os du crâne et des fontanelles, qui sont des espaces membraneux souples situés au sommet du crâne.

• Écoute du rythme cardiaque et auscultation pulmonaire pour rechercher d'éventuelles anomalies ou malformations.

• Palpation de l'abdomen et des organes internes principaux.

- Inspection des mains, des pieds et des organes génitaux.

- Contrôle de la tonicité pour vérifier si l'enfant réagit aux stimulations, suit des yeux, communique, etc.

- Prises des mensurations (taille, poids, périmètre crânien).

- Vérification de la cicatrisation de l'ombilic (nombril).

- Vérification des hanches (afin de dépister une éventuelle luxation).

- Vérification des réflexes archaïques, comme la marche automatique, le *grasping* (l'enfant s'agrippe très fort des mains), le réflexe de succion.

Dès la naissance, le bébé «sait» déjà faire un bon nombre de choses, dont certaines seront oubliées quelques semaines plus tard et qu'il devra progressivement réapprendre.

Le séjour à la maternité

23

Votre séjour à la maternité

Ces quelques jours sont tout à vous et à votre bébé. Le personnel médical est là pour les soins, pour répondre à vos questions, mais aussi pour vous aider tous les deux à bien débuter votre vie commune.

⟩ Premières rencontres

Quelles que soient les règles en vigueur dans la maternité, essayez d'avoir votre bébé avec vous pendant ses temps d'éveil, qui sont encore assez courts. Dans vos bras, votre bébé retrouve le rythme de votre cœur, qu'il connaît si bien, apprend à identifier votre voix et découvre votre odeur, qu'il saura vite reconnaître.

Reposez-vous

Votre séjour à la maternité, où vous êtes normalement dégagée des responsabilités et des soucis matériels, sera bénéfique si vous en profitez pour :

• vous reposer ;

• faire connaissance avec votre bébé ;

• poser toutes les questions qui vous viennent à l'esprit, même celles qui vous semblent trop simplistes. Écrivez-les sur une feuille au fur et à mesure qu'elles vous viennent à l'esprit. Vous les poserez d'un coup lors de la visite du médecin.

C'est vous la mère !

• Sauf dans les cas d'urgence médicale, vous avez votre mot à dire sur la façon dont on s'occupe de votre bébé. Exprimez vos demandes avec gentillesse et fermeté, sans craindre ce que l'on pensera de vous.

• Si vous allaitez, vous avez le droit de le faire à la demande du bébé et non à un rythme imposé.

• Il existe des médicaments pour soulager vos petites douleurs : hémorroïdes, constipation, tranchées, seins engorgés, etc. Renseignez-vous.

• Si vous êtes fatiguée, donnez-vous le droit de refuser ou de limiter les visites. Vous vous rattraperez lorsque vous serez rentrée chez vous.

• Levez-vous dès que possible.

• Donnez vous-même un bain à votre bébé, en compagnie de l'auxiliaire de puériculture.

• N'hésitez pas à poser des questions et à demander des réponses précises.

⟩ Amour et instinct maternels

L'amour maternel n'est pas toujours immédiat. Si certaines mères fondent aussitôt de tendresse devant leur petit, d'autres, épuisées ou inquiètes, s'étonnent de ne pas ressentir d'élan envers leur bébé. Rares sont les accouchements parfaits et les bébés qui ressemblent exactement à l'enfant rêvé. Il faut prendre en compte les hormones et la fatigue...

Toute femme n'est pas spontanément porteuse de ce fameux « instinct maternel » qui ferait d'elle, à l'instant de la naissance, une experte en bébé. Même si le désir d'enfant est bien présent, devenir mère ne relève pas, chez l'être humain en tout cas, de l'instinct. Être la maman d'un nouveau-né n'est pas une suite de comportements innés, transmis génétiquement hors de tout apprentissage. Il n'est pas évident pour une femme, être de culture autant que de nature, de se couler spontanément dans son nouveau rôle et de trouver sans effort les gestes nécessaires à la survie et au bien-être de son bébé. Le prétendre serait faire peu de cas de toute l'anxiété que ce rôle peut véhiculer et de l'histoire que chacune porte en elle depuis sa propre venue au monde.

Instinct et amour maternels vont se développer progressivement, venant atténuer l'angoisse de voir sa vie aliénée à ce nouvel être dont on se sent totalement responsable. Certaines mères, fragilisées par des conditions personnelles, psychologiques ou environnementales particulières, ont du mal à entrer dans leur rôle. La dépression post-partum peut s'installer, rendant la prise en charge du bébé difficile. Parce qu'elles ont été traumatisées dans leur petite enfance, certaines mères auront du mal à percevoir les besoins de leur bébé et à le sécuriser. Il est fondamental, dans ces cas-là, d'oser en parler et de ne pas rester seule en masquant sa détresse. Une assistance psychologique peut permettre un changement rapide et durable de cette première relation maman-bébé qui a du mal à se mettre en route.

◯ Le baby-blues

Il arrive fréquemment que, dans les jours qui suivent l'accouchement, la jeune maman se sente vide, triste, abattue. Ce contrecoup s'explique par différentes raisons. Certaines sont physiologiques : chamboulement hormonal, amaigrissement brutal, manque de sommeil. D'autres sont psychologiques : sentiment de solitude et de terrible responsabilité, séparation d'avec l'enfant, etc.

Pour échapper au baby-blues

• Ne restez pas seule. Profitez des jours de congé accordés à votre conjoint. Appelez une personne capable de vous écouter.

• Laissez tomber tout ce qui n'est pas indispensable pour vous consacrer totalement et uniquement à votre bébé. Faites du « peau à peau » et laissez-le vous exprimer combien il est heureux d'être venu chez vous...

• Reposez-vous le plus possible.

• Pensez à vous accorder des petits plaisirs qui remontent le moral.

• Prenez patience car cet état est, heureusement, passager.

Nourrir votre bébé

Sein ou biberon, le choix n'est pas toujours facile. Il dépend de beaucoup d'éléments : la tradition familiale, l'influence des médecins, le rapport que la femme entretient avec son corps, l'idée qu'elle se fait de son rôle de mère. En France, plus d'une femme sur deux choisit d'allaiter (90 % dans les pays scandinaves). Le plus souvent, le choix d'allaiter ou non est déjà fait par la mère avant qu'elle n'accouche. Il peut être différent pour un premier ou pour un second bébé. En parler avec le père permet de prendre à deux une décision qui engagera chacun : si l'allaitement exclut le père de l'intimité des repas, il demande à la mère une grande disponibilité. Mais c'est à chaque jeune maman de s'interroger sur son intime conviction et de prendre sa décision.

Sein ou biberon

On n'est pas une mauvaise mère parce qu'on n'allaite pas son bébé. Ou parce qu'on ne sent pas instantanément la puissance de l'instinct maternel vous envahir. C'est à chacune de trouver sa façon d'être mère, selon son propre tempérament. Le choix qu'une mère fera sera le bon s'il est en accord avec ses sentiments profonds.

➲ Un moment privilégié

Les moments du repas sont des moments privilégiés pour le bébé, surtout à un âge où il passe une grande partie de la journée à dormir. Le biberon, comme le sein, peut être donné dans un contact de grande intimité. Le bébé est blotti dans vos bras, il sent votre odeur, vous lui parlez doucement, vous lui souriez, il vous regarde... Cette ambiance de calme, de plaisir intime et partagé est essentielle.

➲ L'allaitement au sein

Si vous avez choisi d'allaiter votre bébé, on vous a sûrement proposé de le mettre au sein dans les heures qui suivaient sa naissance pour favoriser la montée de lait. Dans les premiers jours,

À savoir

Autrefois, on faisait jeûner les bébés dans les heures qui suivaient l'accouchement. Jusqu'à ce que l'on constate que le réflexe de succion est fort et précoce ; une mise au sein dès l'accouchement a de bonnes chances de se dérouler naturellement et sans problèmes.

les seins sécrètent du colostrum. Puis la composition du lait va évoluer au cours d'une même tétée (la teneur en matières grasses augmente), au cours de la journée (le lait est plus riche la nuit) et au fil des semaines, pour s'adapter aux besoins de l'enfant. Le lait maternel apporte à l'enfant exactement ce dont il a besoin. C'est donc le meilleur que le bébé puisse recevoir. Il est parfaitement adapté aux besoins du nouveau-né ; sa composition apporte à l'enfant des anticorps pour lutter contre les infections et semble satisfaire mieux que la tétine les besoins de succion du bébé. Enfin, le lait maternel, plus facilement et plus vite digéré, provoque moins de renvois.

Le point de vue affectif est tout aussi important. Pour la mère qui l'a choisi, allaiter son bébé est une aventure merveilleuse qui maintient l'intimité et crée entre eux une complicité durable.

Le point de vue du bébé est très simple : l'allaitement comble son besoin de contact, de proximité et de corps à corps avec sa mère, satisfaisant ainsi les relations affectives entre maman et bébé. En outre, le lait maternel est un aliment particulièrement adapté, et ce pour plusieurs raisons.

• Il est fabriqué spécifiquement pour lui et se modifie en qualité et en quantité, selon ses besoins.

- Il contient des anticorps qui immunisent l'enfant contre bon nombre de maladies.

- Il permet au bébé de régler seul son appétit et ses besoins, donnant à sa mère l'occasion de connaître intimement ses rythmes. Symboliquement, il renforce la relation en maintenant un lien corporel.

- Il est parfaitement digeste et n'entraîne aucune allergie.

Quelles femmes peuvent allaiter?

À part quelques rares contre-indications, toutes les femmes peuvent allaiter, quelle que soit la taille de leurs seins. Passé une mise en route parfois délicate de quelques jours, l'allaitement deviendra plus facile et plus régulier.

La femme qui allaite peut manger tout ce qu'elle aime. Si les aliments donnent un goût au lait, cela ne peut que favoriser la diversification alimentaire ultérieure du bébé! Elle doit boire de l'eau en quantité suffisante (2 litres par jour en dehors des repas) et elle évitera tabac et alcool, ainsi que tout médicament dont le médecin n'a pas garanti l'innocuité.

Offrir à la demande

Au début, l'allaitement doit se faire à la demande. Le bébé sait lorsqu'il a faim et c'est à lui de déterminer le rythme de ses repas et la quantité qu'il doit absorber.

Faites confiance à votre bébé : il connaît parfaitement ses besoins. Y répondre, c'est lui donner confiance en lui et en vous : ce monde est bon, où l'on vous prend tendrement et où l'on vous nourrit lorsque votre ventre crie famine! Inutile, donc, de réveiller un bébé qui dort pour le nourrir. Chaque bébé trouvera le rythme qui lui convient, différent de celui d'un autre bébé. N'usez qu'avec parcimonie de la balance (une pesée chaque jour, puis chaque semaine, suffit largement).

Le colostrum

Si vous choisissez d'allaiter votre bébé, le mieux est de commencer dès l'accouchement. Vos seins ne produiront du lait à proprement parler que dans trois jours. Mais d'ici là, ils forment un liquide jaunâtre, qui précède l'apparition du lait et qui s'appelle le colostrum. Riche en protéines et en sels minéraux, pauvre en graisse et en sucre, il convient parfaitement aux besoins du nouveau-né. Comme il est légèrement laxatif, il aide à l'expulsion du méconium, une substance noirâtre présente dans les intestins du bébé à sa naissance.

Le colostrum contient également de nombreux anticorps, que la mère transmet ainsi à son bébé et qui le protègent contre les infections. Le colostrum est donc précieux : n'en privez pas votre bébé! Dans certaines maternités, l'habitude consiste à séparer les mères de leur bébé afin que celles-ci se reposent. C'est alors à vous de demander que l'on vous amène votre bébé, afin de le mettre au sein chaque fois qu'il le réclame.

Si vous hésitez encore...

- Sachez que l'on peut toujours passer du sein au biberon, mais pas l'inverse.

- Sauf rares exceptions médicales, toutes les mères peuvent allaiter.

- L'allaitement permet une bonne rétraction de l'utérus.

- L'hormone activant la production de lait stoppe aussi l'ovulation. Mais en aucun cas vous ne devez considérer cela comme une méthode contraceptive fiable.

Idées reçues sur l'allaitement

Vrai

- Il faut boire beaucoup (2 litres d'eau par jour en plus des repas).
- L'alcool que vous buvez passe dans le lait. Abstenez-vous.
- Certains aliments donnent un goût au lait (poireaux, asperges, choux, etc.).
- Allaiter renforce les défenses naturelles du bébé contre un certain nombre de maladies.
- Mettre le bébé au sein fait monter le lait.

Faux

- Allaiter fait grossir.
- Allaiter déforme les seins.
- On ne peut pas allaiter quand on a les seins trop petits ou les mamelons rentrés.
- Ne pas être allaité traumatise un bébé.
- Allaiter fatigue (non, c'est surtout le manque de vrai repos qui fatigue).

⊙ Nourrir au biberon

Si, par choix ou par nécessité, vous nourrissez votre bébé au biberon, sachez que les préparations lactées du commerce sont tout à fait adaptées à ses besoins. De bonnes conditions d'hygiène sont nécessaires dans la préparation et le nettoyage des biberons. Mais avant tout le bébé a besoin d'amour, de temps et d'attention. Le repas est un moment privilégié d'échange et d'intimité où le bébé apprend votre odeur, votre regard, votre sourire... Cela est beaucoup plus important que la façon d'allaiter. Et puis le papa peut ainsi participer et nourrir son bébé, ce qui peut être important pour lui et soulager la maman. Alors, si vous avez opté pour le biberon, faites-le d'un cœur joyeux : bébé sera tout aussi heureux et bien nourri.

Les biberons

Faire les biberons est le premier problème auquel vous allez être confrontée, à peine rentrée chez vous, si vous avez choisi de ne pas allaiter votre bébé. Même si cela semble compliqué au début, sachez que vous prendrez très vite la main ! Ce n'est pas une question bien difficile si vous suivez les précautions d'usage. Au vingtième, le père et la mère sont au point !

Le matériel dont vous avez besoin : des biberons, des tétines, de quoi stériliser, de l'eau minérale en bouteille (Évian, Volvic, Vittel), du lait en poudre. Vous donnerez environ 7 biberons par jour. Si vous ne voulez pas stériliser trop souvent, achetez 7 grands biberons (220 g) et 1 petit (pour l'eau et les jus de fruits). Ils doivent être tous stérilisables et de préférence incassables (un jour votre bébé s'en servira tout seul...). Prévoyez un nombre légèrement supérieur de tétines : elles s'usent plus vite que les biberons et doivent être changées aussi souvent que nécessaire.

La stérilisation

Vous avez le choix entre deux systèmes.

La stérilisation à chaud

Dans un stérilisateur, ou dans un autocuiseur, ou simplement dans une casserole pleine d'eau bouillante. Biberons, bagues et tétines, au préalable bien lavés et rincés à l'eau chaude, doivent bouillir 20 minutes.

La stérilisation à froid

C'est la plus pratique : vous faites fondre une pastille stérilisante (Milton, Solustéril, etc.) dans un récipient d'eau froide muni d'un couvercle. Vous y disposez biberons et tétines propres, de façon à ce qu'ils soient recouverts d'eau et vous laissez tremper 15 minutes. Vous pouvez aussi laisser tremper et sortir les biberons au fur et à mesure de vos besoins. Il est inutile de rincer les biberons. En revanche, il est souhaitable de bien les égoutter et de rincer les tétines avec l'eau dont vous vous servez pour reconstituer le lait. La solution doit être renouvelée tous les jours.

Le lait en poudre

En fait de lait, il s'agit d'un ALD (aliment lacté diététique), premier âge. Il est fabriqué à partir de lait de vache, transformé afin de correspondre aux besoins du bébé. Il est tout à fait adapté à l'alimentation du bébé, de la naissance à quatre mois. Un seul impératif : respectez les quantités indiquées pour la reconstitution, qui sont généralement d'une cuiller-mesure arasée (non bombée) pour 30 g d'eau. « Forcer » sur la proportion de lait en poudre ne pourrait que nuire à la santé de votre bébé.

Préparer un biberon

Vous pouvez préparer les biberons de la journée à l'avance, à condition de les conserver ensuite dans le réfrigérateur (pas plus de vingt-quatre heures) et de les réchauffer au fur et à mesure. Mais ne conservez jamais le lait que le bébé a laissé au fond de son biberon. Voici comment procéder :

• Versez dans le biberon la quantité d'eau nécessaire.

• Faites chauffer l'eau. Vous pouvez aussi préparer le biberon avec de l'eau à température ambiante (20 °C) ou tiède.

• Versez le nombre de mesures de lait correspondant à la quantité d'eau. Les quantités sont données sur l'emballage. Veillez à bien les respecter.

• Ajustez la tétine et le capuchon.

• Agitez doucement le biberon pour diluer la poudre.

• Versez quelques gouttes de lait sur le dos de votre main pour contrôler la température. Le biberon est prêt.

Combien de biberons par jour ?

Un nouveau-né boit environ toutes les trois heures, puis rapidement toutes les quatre heures. Mais cela dépend beaucoup du poids et de l'appétit de

Des biberons sans Bisphénol

Les études scientifiques ont déterminé que le Bisphénol A, ce produit chimique et perturbateur hormonal présent dans de nombreux plastiques, est nocif pour la santé de tous, *a fortiori pour* celle des bébés. La principale source d'exposition des tout-petits se produit lorsque le biberon de polycarbonate est chauffé. C'est à la suite de nombreuses recherches effectuées, tant chez l'homme que chez l'animal, que le 23 juin 2010, le Parlement français a interdit la fabrication et la commercialisation de biberons contenant du Bisphénol A.

votre enfant. Le mieux est de vous laisser guider par lui. Un bébé qui a faim sait parfaitement se faire comprendre par ses cris parfois véhéments...

Au début, le rythme des repas sera forcément irrégulier. Inutile, si bébé dort depuis trois heures, de le réveiller pour manger. La faim s'en chargera. Suivre les besoins de son bébé demande une grande disponibilité, mais c'est ainsi que les choses se mettent en place le plus facilement. Vous verrez rapidement que ses horaires se stabiliseront au fil des semaines.

Le réglage de la tétine

Les tétines premier âge n'ont qu'un débit et conviennent bien pour les premières semaines. Si vos tétines ont trois débits, choisissez le plus petit pour commencer. Les autres seront utiles lorsque vous épaissirez les biberons. Pour savoir si le trou de la tétine est correct, retournez le biberon rempli : une tétine bien percée laisse passer un goutte-à-goutte rapide. Si le jet est trop rapide, changez de tétine. S'il est trop lent, agrandissez le trou avec une aiguille stérilisée (chauffée à la flamme).

Quelle quantité donner ?

Cela dépend de l'âge et du poids du bébé. Commencez par 45 g, puis laissez-vous guider par votre médecin. Mais le meilleur guide reste votre bébé, qui doit manger à sa faim, mais n'être jamais forcé. S'il n'a plus faim, il arrête de boire. Mais s'il finit d'une traite tous ses biberons, il est temps d'augmenter les quantités. Si vous avez un doute, préparez des biberons un peu plus remplis que nécessaire et laissez votre bébé prendre la quantité qui lui convient. Elle peut varier d'un repas à l'autre.

La température du biberon

La température ambiante est suffisante, soit un biberon à 20 °C environ. Si vous souhaitez qu'il soit un peu plus chaud, laissez la bouteille d'eau minérale sur le radiateur. Si le biberon était prêt au réfrigérateur, mieux vaut le tiédir au chauffe-biberon ou au bain-marie.

Beaucoup de mères réchauffent les biberons au micro-ondes : c'est pratique et rapide... mais beaucoup de bébés se sont brûlés. Le biberon est tiède mais le lait brûlant. Soyez prudente et vérifiez toujours la température du lait.

La tétée

Que vous donniez le sein ou le biberon, il est important que vous vous installiez confortablement. Le bébé ressent le bien-être comme la tension musculaire de celui qui le tient dans ses bras, et cela n'est pas sans incidence sur son appétit.

● Une position confortable

La meilleure position consiste à s'asseoir dans un fauteuil et à appuyer le bras qui soutient la tête du bébé sur un accoudoir. Tant que le bébé est tout petit, il est moins fatigant de le poser sur un coussin ou sur un oreiller placé sur les genoux de celui ou de celle qui le nourrit, afin de le hausser à la bonne hauteur.

Si la mère allaite couchée, elle peut s'allonger sur le côté, le haut du corps surélevé par un oreiller, et allonger son bébé contre elle. Il n'est pas recommandé que le bébé boive en position horizontale.

De jour, il peut être agréable d'être assise dans un fauteuil assez bas, les bras en appui, l'enfant en position semi-verticale, sa tête se reposant dans le creux du coude. De toute façon, chaque mère saura trouver la position où elle se sent le mieux.

● Nourrir à la demande

Votre bébé n'est pas une mécanique : les horaires de ses repas ne peuvent être réglés comme par ordinateur. Il a son rythme propre, que vous allez découvrir progressivement. Il peut avoir davantage d'appétit certains jours ou à certaines heures. De plus, tous les

bébés sont différents. Selon leur poids, ils ont des besoins différents en nombre de tétées, en quantité ou en régularité.

Ne vous laissez pas contraindre par des injonctions du type « un repas toutes les trois heures » ou « dix minutes à chaque sein ». Ces trois heures ou ces dix minutes ne doivent pas vous faire vivre l'œil sur la pendule. Concentrez plutôt votre attention sur votre bébé pour apprendre rapidement à interpréter les « signes » qu'il vous envoie sur son appétit ou sur sa satiété.

Une certaine régularité dans les heures des repas est bénéfique à l'enfant et vous permet de prévoir et de vous organiser. Mais cette régularité va se mettre en place progressivement et naturellement. Ne cherchez pas à forcer les événements et acceptez que les trois heures qui séparent généralement une tétée de la suivante puisse aussi bien être deux heures et demie que quatre.

● Comprendre ses besoins

Le lait maternel est plus vite digéré que le lait en poudre. Vous avez allaité votre bébé il y a deux heures, mais il pleure déjà. Allez-vous le laisser pleurer de faim jusqu'à ce qu'il soit l'heure prévue ? C'est totalement inutile et nuisible. L'avantage du sein est justement que le bébé prend la quantité qu'il veut,

33

Il pleure après la tétée

• Il se peut qu'il ait encore faim : proposez-lui une petite ration supplémentaire pour vous en assurer.

• Il se peut qu'il souffre d'une digestion difficile ou d'une crampe intestinale : tenez-le dans vos bras, bercez-le et caressez-lui doucement le ventre.

• S'il pleure de fatigue, bercez-le un peu, puis couchez-le. Il ne devrait pas tarder à s'endormir.

• Enfin, il est possible qu'il pleure parce qu'il n'a pas assez tété. Aidez-le à prendre ses doigts ou donnez-lui une tétine : cela l'apaisera.

sans que vous ayez à vous en inquiéter. Tâchez de faire de même si votre bébé est au biberon.

Contraindre un bébé à adopter un rythme rigide qui ne serait pas le sien risque de provoquer malaises et difficultés. Néanmoins, c'est aussi le rôle des parents d'amener tout doucement l'enfant à prendre progressivement un rythme plus régulier, compatible avec une vie familiale et sociale. En quelques mois, le bébé va acquérir doucement une régularité de vie, gage pour lui de sécurité intérieure.

Un moment d'intimité

Toutes ces notions donnent une image un peu technique de la tétée. En réalité, tout cela devient vite une routine qui s'effectue sans aucune difficulté particulière. Il ne faut pas que cela fasse oublier que le plus important est l'échange

d'intimité et de tendresse qu'offre le moment des repas.

Ne vous laissez pas déranger par le téléphone ou la télévision quand vous nourrissez votre bébé. Il vous regarde dans les yeux : il cherche à communiquer. Souvent il va émettre des petits signes ou grognements que vous apprendrez à interpréter. Détendue, vous lui souriez, vous lui parlez. Lorsque le bébé a fini de manger, il se sent comblé et heureux. Il arrive qu'il s'endorme rapidement, dans un état de totale béatitude. Laissez-le boire à son rythme, même s'il s'arrête parfois pour se reposer.

➲ Le rot

Le rot est un réflexe digestif qui correspond à un rejet d'air par le bébé, parfois accompagné d'un léger renvoi de lait. Cet air a été généralement avalé avec le lait en cours de tétée, peu par les bébés au sein, davantage par les bébés au biberon.

Certains bébés attendent la fin du biberon pour émettre rapidement un rot bien sonore. D'autres ont besoin de deux ou trois pauses en cours de repas pour expulser à chaque fois un peu de l'air ingurgité. Vous le repérerez au fait que le bébé cesse de téter, repousse la tétine et se tend légèrement.

Il est de toute façon conseillé de ménager une pause en cours de repas, mais j'ignore pourquoi il est fait tant de cas de ce fameux rot. « Faire son rot » n'est pas indispensable et ne nécessite pas que l'on réveille le bébé ou qu'on lui tapote le haut du dos. Une fois la tétée finie, prenez votre bébé contre vous, le menton appuyé sur votre épaule, et câlinez-le. Si le rot ne vient pas dans les dix minutes, vous pouvez remettre votre bébé au lit.

⊙ Les régurgitations

Tous les bébés recrachent un peu de lait après avoir bu leur biberon. Ces régurgitations n'empêchent pas la prise de poids. L'aspect caillé du lait rejeté signifie simplement que la digestion était déjà commencée. Mais si bébé semble souffrir, s'agite et rejette du lait caillé, il s'agit alors d'un vrai vomissement, douloureux pour le bébé. Si cela se répète, c'est un signe d'alarme à ne pas négliger : il faut consulter rapidement un médecin. Il peut en effet s'agir d'une béance du cardia ou d'un reflux gastro-œsophagien, qui demandent tous deux un traitement rapide. Des mesures concrètes sont à prendre, que le médecin vous expliquera.

Ces régurgitations sont souvent un phénomène de reflux consécutif à une mauvaise fermeture du clapet fermant le haut de l'estomac. Cette béance disparaît d'elle-même vers dix ou douze mois. Mais elle nécessite, d'ici là, que vous preniez un certain nombre de précautions pour éviter ces reflux acides. Sinon, ils pourraient à la longue provoquer des brûlures douloureuses de la paroi de l'œsophage. Tant que les régurgitations sont peu abondantes, qu'elles n'ont aucune influence sur la courbe du poids du bébé et qu'il ne semble pas en souffrir, il est inutile de vous inquiéter. Il s'agit d'un « trop-plein » dont le bébé se débarrasse.

Si les régurgitations se font trop fréquentes ou abondantes, vous pouvez prendre quelques précautions simples :

- épaissir les biberons ;
- installer le bébé dans un Baby Relax après le repas ;
- coucher le bébé sur le côté ou relevez légèrement le haut de son lit pour éviter qu'il ne s'étouffe en régurgitant ;
- donner au bébé, avant chaque repas, un médicament pour calmer les contractions de l'estomac.

Enfin, des régurgitations importantes peuvent aussi être provoquées, en l'absence de toute malformation de l'estomac, par une intolérance alimentaire au lait choisi. Ne prenez pas l'initiative d'en changer. Seul le médecin pourra vous conseiller utilement et vous indiquer comment nourrir votre bébé.

Les débuts
à la maison

Il vous faudra sans doute quelques jours
pour trouver vos marques, que vous
soyez inquiète ou prise par la magie
de ces premières heures. Car c'est
maintenant que vous allez, son papa et
vous, faire vraiment connaissance avec
votre bébé. Pas de précipitation, pas
de panique. Votre bébé ne peut rêver
meilleurs parents que vous. Vous êtes
ceux qu'il a choisis et il vous aime déjà.
Faites-lui confiance : c'est lui qui vous
fera parents, en vous faisant comprendre
ce qui est bon pour lui. Faites-vous
confiance également, en suivant votre
intuition et votre tendresse.

De la douceur

Le bébé est très sensible à la douceur dont font preuve ceux qui s'occupent de lui. Un soupçon de nervosité ou d'impatience, une absence de chaleur dans le contact, sont suffisants pour qu'il se sente malheureux et pleure.

➲ Les besoins du bébé

Pour se développer harmonieusement, un bébé a besoin de bien plus que le lait... Et je peux vous assurer qu'il s'agit pour lui de besoins dont la revendication est légitime et dont la satisfaction lui est due. Nullement de caprices. En répondant à ces besoins, non seulement vous ne gâterez pas votre bébé, mais vous lui permettrez de devenir un enfant plus facile, parce que plus heureux.

Le contact corporel

Le bébé est manipulé pendant de longs moments. Changements de couche, bain, déplacement, repas, sont autant de situations où son corps est entre vos mains, au sens propre. Il sent si vos mains sont calmes, accueillantes, ou si elles sont pressées d'en finir. Dans ce dernier cas,

il manifeste son insatisfaction et devient irritable. La relation corporelle est tellement importante pour lui qu'il ne peut supporter la brusquerie.

La douceur de la voix compte également beaucoup. Autant un bébé est vite sous le charme d'une voix chaude, douce, sûre d'elle, s'adressant à lui avec des mots tendres, autant il va se mettre à crier ou se replier sur lui-même s'il est au contact d'une voix agressive ou angoissée.

Tenir son bébé

Dans les premières semaines de sa vie, le nouveau-né semble si petit et si vulnérable que certaines mères, mais surtout certains pères, hésitent à le manipuler. En réalité, le bébé est souple et robuste. Douceur et fermeté sont les règles de base pour que le bébé se sente en confiance et en sécurité contre vous.

Des positions qu'il aime...

- Celles où il se sent tout près de vous, dans votre odeur et votre chaleur. Il aime blottir sa tête dans votre cou et que vous le souteniez sous les fesses, mais il aime également être face à vous et pouvoir regarder votre visage.

- Le bébé a besoin de contact physique. Toute position confortable et où il sera en contact avec vous le satisfera. N'hésitez pas à le blottir contre vous, surtout les premières semaines : cela

---

L'importance du contact corporel

Des chercheurs ont mis en évidence que les contacts corporels étroits entre la mère et le bébé n'ont pas seulement des effets psychologiques, mais également des effets biologiques. Chez les bébés rats, à nourriture égale, la synthèse des protéines s'opère mieux si la mère les a léchés...

lui donne un sentiment de sécurité. C'est le cas aussi de toute position où, le dos du bébé étant en position verticale, vous soutenez bien sa colonne par un appui fessier solide.

… et d'autres qu'il déteste

Quand vous soulevez votre enfant, évitez de le tenir simplement sous les aisselles, ou de le prendre par surprise ou par-derrière, sans qu'il ait pu anticiper votre geste.

Bercer son bébé

Autrefois, les petits bébés étaient couchés dans des berceaux suspendus avec des sangles ou que l'on balançait avec le pied. Les nourrices et les mères savaient bien qu'habitués au berce-ment aquatique du ventre maternel, ils se calmaient et dormaient mieux ainsi balancés. Une douce chanson les accompagnait.

Il s'éloigne – et heureusement – le temps où l'on déconseillait de bercer les bébés, sous prétexte que cela leur donnait « de mauvaises habitudes ». Si vous avez hérité du berceau de vos grands-parents, vous savez qu'il était alors de tradition d'installer le nouveau-né dans un petit lit à sa taille et que l'on pouvait balancer. Les vrais berceaux sont en voie de disparition : c'est maintenant aux parents de tenir ce rôle. Pourquoi ne pas vous installer confortablement dans un rocking-chair qui bercera à la fois le père ou la mère et son bébé ?

De nombreuses études ont mis en évidence que les bébés bercés et régulièrement pris dans les bras étaient plus calmes que les autres. Ils développent des liens de confiance avec leurs parents, car ils se sentent aimés.

Alors suivez votre instinct s'il vous souffle de tenir votre petit au chaud tout contre vous.

Une réelle source de bien-être

La modernité et la technique aidant, les bébés sont aujourd'hui couchés dans des petits lits immobiles et la boîte à musique a remplacé la chanson. Des professionnels ayant affirmé qu'il ne fallait pas trop prendre les bébés dans les bras au risque de les rendre capricieux, bien des nouveau-nés d'aujourd'hui n'ont plus ni bercement, ni berceau, ni berceuse. Quel dommage ! Car cela ne rend pas leur caractère plus difficile. Au contraire, cela les aide à acquérir une sécurité intérieure, qui est un bien précieux. Quelle idée du monde veut-on donner à un petit qui vient d'y entrer ? Celle d'un monde froid où l'on vous laisse seul faire face à vos malaises, ou celle d'un monde chaleureux où des bras accueillants viennent à votre secours ? (Pour en savoir plus sur l'importance des câlins pour le nourrisson, reportez-vous au chapitre « Les besoins affec-tifs », page 150.)

Bruit du cœur et odeur maternelle

Votre bébé est propre, nourri, et pourtant il pleure. Il n'arrive pas à trouver son sommeil. Prenez-le contre vous et appuyez son oreille sur votre poitrine, côté gauche. Il entendra le bruit rythmé de votre cœur, bruit qui a bercé les neuf mois de sa vie dans votre ventre. Ce bruit va le rassurer. Tenez-le là tendre-ment, vous verrez qu'il se calmera.

Les débuts à la maison

39

La tenue de la tête

Le nouveau-né ne tient pas encore sa tête et, durant les premières semaines, il est important de ne jamais le soulever sans soutenir sa tête. Même lorsque son dos est maintenu bien droit, il a toujours besoin d'avoir la tête en appui.

• **À la naissance :** la tête ne tient pas et retombe en avant ou en arrière si elle n'est pas tenue.

• **À 4 semaines :** si le bébé est tenu en position assise, il peut tenir sa tête verticale un bref instant.

• **À 6 semaines :** couché sur le ventre, il commence à pouvoir relever sa tête en même temps que le corps, une minute environ ; couché sur le dos, il tourne sa tête à droite et à gauche et tente de la relever.

• **À 8 semaines :** en position assise, la tête tient mieux dans l'alignement du corps, mais sans stabilité.

• **À 12 semaines :** couché sur le dos, le bébé peut garder sa tête au milieu et la soulever ; allongé sur le ventre, il peut soulever sa tête et la garder ainsi un moment s'il est en appui sur les coudes.

• **À 16 semaines :** allongé sur le ventre ou sur le dos, l'enfant peut soulever sa tête sur de courtes périodes ; en appui sur les avant-bras, il peut rester plusieurs minutes la tête bien décollée du sol ; maintenu en position assise, il tient sa tête bien droite.

Vous devez bouger ? Installez votre bébé dans un porte-bébé ventral. En plus du bruit de votre cœur, il retrouvera le rythme de vos pas, le balancement de votre démarche. Pour votre bébé, le contact physique avec vous, parce qu'il permet de retrouver le corps, l'odeur, le mouvement, tout ce qu'il aime et le rassure, sera toujours mieux qu'un landau ou un berceau rigides.

Votre enfant connaît votre voix : il l'entendait avant de naître. Il connaît déjà l'odeur de votre peau, la douceur de vos mains. Dans les premières semaines de sa vie, il a réellement besoin de se retrouver à votre contact, d'être suffisamment proche pour percevoir votre odeur, sentir votre cœur, vous regarder droit dans les yeux (il voit net à 25 cm)

et sentir la douceur de vos mains. Il vient d'être expulsé du paradis, du seul lieu qu'il ait connu. Le corps à corps avec sa mère l'aide à faire le lien avec sa vie actuelle et trouver bon le monde où il entre.

Le portage

Il est possible de porter son bébé dans une grande écharpe conçue à cet effet. Inspiré d'habitudes traditionnelles sous d'autres latitudes, ce mode de portage séduit désormais beaucoup de jeunes mamans occidentales. Il satisfait, chez le bébé, son besoin de présence, de chaleur, de sécurité affective. Quant au parent, il jouit d'une grande intimité avec son bébé, ses mains sont libres et il peut s'occuper normalement.

L'écharpe permet une très bonne position du bébé : il est soutenu sous les fesses et les cuisses, son dos est arrondi, ses jambes écartées et repliées (position dite de «la grenouille», précieuse pour son dos). Les façons de nouer l'écharpe dépendent du poids de l'enfant (elles sont détaillées sur plusieurs sites Internet). Bébé peut être porté sur le ventre, sur le côté ou sur le dos. Certains nouages sont particulièrement adaptés à l'allaitement. Trois précautions doivent cependant être prises :

• La tête du bébé doit être bien soutenue. Le tissu doit donc bien englober la tête du bébé, surtout chez les plus jeunes.

• Évitez le portage face au monde. Pour que la position du dos soit bonne, le bébé doit être tourné vers celui qui le porte. Il peut quand même regarder sur le côté...

• Le tissu de l'écharpe doit être de bonne qualité, souple et résistant : c'est ce qui explique souvent le prix de ces objets...

❷ Le sommeil du bébé

Un nouveau-né dort en moyenne entre dix-huit et vingt heures par jour mais ce rythme varie selon les bébés. Dans les tout premiers jours, son sommeil peut toutefois être perturbé ; s'il n'est pas possible d'obliger un bébé à dormir, on peut le mettre dans la situation la plus propice à faire venir le sommeil.

Le jour où votre bébé saura se retourner, il choisira la position la plus confortable pour lui. Mais d'ici là, il dormira dans la position où vous le coucherez. Pendant des années, la polémique a fait rage entre les partisans de la position sur le dos ou sur le ventre. Aujourd'hui, les médecins s'accordent sur la nécessité de coucher les nouveau-nés sur le dos. En effet, des études médicales concordantes ont mis en évidence un moindre risque de mort subite du nourrisson dans cette position. Pour la même raison, certains médecins recommandent de garder le couffin à côté de son lit pendant les trois premiers mois.

Où le faire dormir ?

Pour le nouveau-né, tout lieu confortable et chaud fera l'affaire. Vous pouvez donc transporter le couffin dans la pièce où vous vous trouvez, ou le garder la nuit près de vous. Passé trois ou quatre mois, il a besoin d'un coin à lui, de préférence hors de la chambre de ses parents, où il retrouve ses petites habitudes quand on le met au lit.

❷ Communiquer avec lui

Un nouveau-né que l'on se contenterait de nourrir et de soigner aurait du mal à se développer de manière harmonieuse. Il manquerait deux choses essentielles à son développement : les câlins et le langage.

Le nouveau-né a besoin de se sentir au plus près, au plus chaud du corps de sa mère. Dans ce contact corporel intime, il puise un sentiment de protection et découvre progressivement les limites de son propre corps. Il va se construire, au fil des jours, en incorporant les expériences vécues par l'intermédiaire du corps maternel. Un contact chaleureux, paisible et tendre l'aidera à s'adapter au monde.

Parler à son bébé, c'est l'introduire dans le monde des humains. On lui parle de tout ce qui le concerne : le biberon qui n'est pas encore chaud, papa qui rentrera bientôt, ce petit pyjama qui lui va si bien... L'enfant comprend. Le sens précis des mots, peut-être pas, mais il comprend que vous vous adressez à lui avec amour et sollicitude. Ces premiers mots qui lui sont adressés sont aussi importants que les caresses. Ils l'aident à entrer dans l'échange et dans le langage, et à bâtir sa personnalité à venir.

Une passion pour les visages

Les jeunes bébés sont passionnés par les visages, celui de leur mère en particulier, et par les yeux. Cette partie du visage est en effet la plus contrastée, donc celle qui ressort le mieux (les bébés voient surtout les couleurs à fort contraste). Mais le regard est avant tout la partie du visage qui «parle» le mieux. Sourires, clignements, éclats, ouvertures et fermetures, les yeux sont constamment mobiles et vivants. Ils sont le reflet de l'état d'esprit et une source inépuisable de communication non verbale. Le bébé cherche le regard : aussi est-il très important de ne jamais le lui refuser. Au contraire : pour qu'une bonne relation se crée, il faut entrer dans ce jeu de contact visuel à toute occasion. Au cours de la tétée, bien sûr, quand vous parlez à votre bébé ou lorsque vous vous tenez face à lui. Ce tout premier dialogue concerne aussi les frères et sœurs : à eux de prendre le temps d'échanger longuement et de se faire reconnaître par le bébé.

Les compétences visuelles du nouveau-né

Le nouveau-né peut voir les choses très contrastées et assez proches (à une vingtaine de centimètres). Très vite (environ quatre semaines) son champ visuel s'élargit, mais il faut toujours lui présenter les objets de face, à une trentaine de centimètres, afin qu'il les voie correctement. Il commence également à pouvoir suivre des yeux un objet brillant ou coloré qui se déplace lentement dans son champ de vision.

De nombreuses études ont montré que le bébé est plus intéressé par les personnes que par les objets, par ce qui bouge que par ce qui est immobile, par les contrastes que par les couleurs tendres, par les visages que par toute autre chose.

➲ Ses premiers sourires

Quel parent ne l'a pas attendu impatiemment, ce premier sourire de son bébé, signe évident de bien-être ?

Les sourires aux anges

Au cours des deux ou trois premières semaines de sa vie, vous surprenez sur le visage de votre bébé ces tout premiers sourires que l'on nomme les «sourires aux anges» parce qu'ils semblent davantage tournés vers le ciel que vers une personne précise.

Ces premiers sourires ne concernent que la partie basse du visage : le plus souvent, ils n'entraînent pas de plissement des yeux. Mais même s'ils ne semblent pas dirigés vers quelqu'un, ils reflètent bien un sentiment de plaisir.

À quoi sont dus ces sourires ? C'est bien difficile à dire. Apparaissant souvent après une tétée, on pourrait penser qu'ils témoignent d'une sensation de plénitude et de satisfaction. Mais peut-être répondent-ils à une image intérieure? À chacun d'imaginer...

Les vrais sourires

Ces sourires intentionnels diffèrent des sourires aux anges: ils engagent tout le visage du bébé, non seulement la bouche mais aussi les yeux qui se plissent; ils sont dirigés explicitement vers quelqu'un (bébé sourit en vous regardant droit dans les yeux) ou vers quelque chose et sont à comprendre comme faisant partie d'un dialogue.

Le bébé aura tendance à sourire facilement dans les situations où il se sent bien: quand vous lui parlez d'une voix douce et calme, avec des petites phrases tendres toutes simples; quand vous le bercez ou vous le caressez légèrement sur la tête, sur les joues ou sur le ventre; quand vous le regardez dans les yeux, en lui parlant ou en lui souriant.

Le rôle de l'imitation est très important: votre bébé sera souriant si vous lui souriez beaucoup. Même si l'on a montré que l'aptitude à sourire était innée, elle se développera mieux dans un environnement lui-même souriant.

Peu à peu, les sourires de votre bébé vont se faire plus attentifs et n'iront qu'aux personnes aimées.

Les débuts à la maison

Un bébé, ça pleure

C'est une vérité que beaucoup de jeunes parents ignorent. À la maternité, passe encore : l'agitation, les pleurs des autres bébés... on comprend que le sien soit énervé. Mais une fois à la maison, bébé pleure encore et souvent.

➡ Un message pour ses parents

Le nouveau-né crie : c'est un signal de malaise, ou bien il vide une tension intérieure. Progressivement, il apprend que crier vous fait venir et que vous savez trouver les gestes qui l'apaisent. Ainsi naît la confiance entre vous. Non, répondre à son nouveau-né lorsqu'il pleure ne le rend pas capricieux. Cela lui donne confiance dans ce monde où il vient de faire irruption.

Au fil des jours, vous serez plus à même de comprendre le sens des cris de votre bébé : il a faim, il a soif, il a froid ou chaud, il est fatigué, il est sale, il a mal quelque part. Le bébé ne ressent qu'un malaise dans la globalité de son être, et il appelle pour que vous le soulagiez. C'est vous qui allez donner du sens à ses cris et en faire un langage. Bien sûr cela ne se fera pas du jour au lendemain : c'est un processus délicat au cours duquel vous apprendrez à vous connaître l'un l'autre. Vous comprendrez de mieux en mieux ce que signifie telle ou telle manifestation, vous apprendrez à donner des réponses différentes en fonction du cri entendu, et cet échange constitue un début de dialogue.

Son seul moyen pour communiquer

Il faut tout d'abord savoir que le jeune bébé partage son temps entre trois états : il dort, il est en éveil calme ou il est agité (pleurs, cris, etc.). Ces pleurs sont, à son âge, le seul moyen dont il dispose pour communiquer ce qui ne va pas et tenter de vous faire comprendre ce qu'il désire. Il est donc positif que votre enfant pleure : il a l'espoir de se faire comprendre de vous et compte sur vous pour lui venir en aide.

Il faut savoir aussi que le bébé est très sensible aux émotions de sa mère. Le bébé d'une mère fatiguée aura tendance à pleurer pour l'appeler et dire son inquiétude. Ce qui ne fera que crisper davantage sa mère. Mais ne vous

---

Des pleurs d'impuissance

Pendant les neuf mois de sa vie intra-utérine, tous les besoins de votre bébé ont été comblés : il n'avait ni froid ni chaud, ni faim ni soif, ni mal à l'estomac, ni le nez bouché. En venant au monde, il découvre toutes ces sensations si désagréables. Plus bien d'autres : la fatigue, les lumières vives, les bruits violents, la peau nue, etc. Il découvre en même temps qu'il ne possède pas les moyens de réagir, qu'il est trop petit et dépendant. Que feriez-vous à sa place ? J'ai toujours pensé que les jeunes bébés pleuraient autant sur leurs besoins légitimes que sur leur impuissance à les satisfaire...

culpabilisez pas pour autant si votre bébé pleure beaucoup: c'est sa façon de communiquer avec vous; il vaut mieux cela qu'un bébé apathique qui ne s'exprime pas. Tentez de garder votre calme et de répondre au mieux à votre bébé avec ce que vous êtes.

Ces pleurs nous perturbent...

• Les pleurs d'un bébé inquiètent. Parfois, on en trouve la cause et le bébé se calme. Mais d'autres fois, on s'épuise à essayer de détendre un bébé qui ne veut rien savoir. Tous les bébés traversent de tels moments. Si votre bébé refuse même vos bras, installez-le simplement dans son petit lit, dites-lui que vous l'aimez, que tout va bien, et laissez-le vider sa tension intérieure. Revenez le voir de temps en temps. Il finira par trouver en lui le moyen de se calmer et de s'endormir.

• Les pleurs d'un bébé sont souvent déchirants, voire stridents, et il est parfois difficile de ne pas finir par s'énerver soi-même (surtout la nuit!) – ce qui n'arrange pas les choses. Les crises de larmes peuvent se répéter quatre ou cinq fois par jour et pendant des périodes qui semblent des heures. Vous vous épuisez parfois à chercher: de quoi a-t-il besoin? où a-t-il mal? que veut-il dire? Il a mangé, il a dormi, il n'a mal nulle part, et il pleure quand même... Êtes-vous une mauvaise mère parce que vous ne pouvez rien pour lui?...

➡ Comprendre ses pleurs

Ce n'est que vers six ou sept semaines que le bébé commence à s'organiser. Il comprend mieux son environnement, s'est habitué à ses rythmes et à ses parents, pleure moins souvent et différencie ses pleurs. Il vous est alors plus facile de comprendre les raisons de ses crises. Mais d'autres pleurs apparaissent qui n'existaient pas lorsque l'enfant était nouveau-né.

Il pleure d'ennui

Au cours de ces mois d'intense apprentissage, votre bébé a besoin, lorsqu'il est éveillé, de découvrir et d'apprendre de nouvelles choses. Il va crier si vous le laissez seul dans son lit, parce qu'il n'a pas assez de choses à y faire: fournissez-lui du «matériel» (jouets ou objets divers) qui lui permettra de s'exercer.

Mais l'enfant a aussi besoin de compagnie. Plutôt que de rester seul dans sa chambre pendant que vous vaquez à vos occupations dans le reste de la maison, il aura grand plaisir à vous accompagner, assis dans son transat ou à plat ventre, de pièce en pièce, pendant que vous faites le ménage, votre toilette ou que vous préparez le repas. Il aime vous voir bouger. Il aime entendre votre

voix lorsque vous lui commentez ce que vous faites. Il aime être à vos côtés et a besoin de cette douce complicité.

Il pleure de frustration

C'est un sentiment qui peut habiter votre enfant lorsqu'il est empêché de faire quelque chose qu'il désire. Physiquement et intellectuellement, ses capacités sont de plus en plus grandes chaque jour. Il va avoir peu à peu des envies de toucher à tout, des désirs de découvrir le monde. Mais deux forces s'y opposent :

- son impuissance à faire ce qu'il voudrait faire, parce qu'il est trop petit et que ses désirs sont en avance sur son développement physique : cela le met en rage ;

- vos refus et vos interdits, lorsque vous l'éloignez des prises de courant, du vase à fleurs ou de tout ce qui peut être dangereux pour lui ou pour l'objet. Cette frustration dans son élan peut aussi le faire hurler.

Que faire ?

Il n'y a guère de solution : il faut que tout enfant apprenne peu à peu à supporter la frustration. Vous pouvez l'y aider en limitant les interdits, en l'encourageant dans ses tentatives et en l'éloignant doucement de ce qui est défendu, sans jamais le punir d'une curiosité bien naturelle et tout à fait légitime.

Il pleure de peur

Votre enfant est maintenant capable d'anticiper et peut pleurer de peur, par avance, par exemple en reconnaissant le médecin qui lui a fait un vaccin le mois précédent. Ne le grondez pas :

c'est une preuve de sa bonne mémoire et de son intelligence ! Mais il peut aussi développer une peur des personnes inconnues et se réfugier derrière vous dans les situations inhabituelles.

Que faire ?

Là encore, ne le brusquez pas : il traverse une nouvelle phase, ses angoisses sont réelles et il a besoin que vous le rassuriez. Prenez-le dans vos bras et respectez ses peurs : c'est ainsi qu'il prendra confiance en lui.

Il pleure de faim

Les cris commencent doucement mais, si vous n'y répondez pas, cela tourne rapidement à la rage. C'est la cause la plus fréquente des cris. Il faut savoir

Les pleurs du soir

Nombreux sont les bébés qui, en fin de journée, se mettent à pleurer de façon systématique et souvent bien mystérieuse… On a avancé plusieurs explications : le bébé a besoin d'exprimer et de décharger toutes les émotions accumulées dans la journée ; c'est l'heure où la mère est elle aussi pressée et fatiguée : le bébé ne fait que renvoyer la tension ambiante ; il ressent l'angoisse du soir qui tombe.

Ces pleurs réguliers, à l'heure où le repas est à préparer, où le père rentre du travail, sont parfois difficiles à supporter. Essayez de rester calme : plus l'entourage est énervé et plus l'enfant pleurera.

que la faim est une vraie douleur pour le petit bébé.

Que faire?

Le nourrir, bien sûr. Pourquoi le laisser pleurer de faim, sans autre nécessité que d'appliquer un horaire strict? Chaque bébé a son rythme: à vous de le découvrir.

Il pleure de soif

C'est une cause à laquelle on ne pense pas souvent. Pourtant, il est fréquent qu'un bébé, trop couvert, pleure d'inconfort et de soif. De même, la chaleur et la sécheresse de l'air régnant dans les appartements modernes entraînent souvent une soif du bébé à laquelle il faut répondre en tant que telle: en lui donnant un petit biberon d'eau et non de lait.

Il pleure de fatigue

Votre bébé a passé un long moment éveillé, charmant. Puis, la fatigue venant, il a commencé à pleurnicher un peu. Il se peut qu'il trouve son sommeil. Il se peut aussi que l'énervement monte, en longs sanglots, et que vous ayez l'impression qu'il ne s'endormira jamais.

Que faire?

Vous pouvez essayer de le bercer, de le promener dans un sac kangourou ou de lui chanter une berceuse. Un bébé se sent bien s'il est en contact corporel étroit avec sa mère. Mais vous pouvez aussi le coucher dans une pièce calme et lui offrir la possibilité de vider tranquillement la tension qui l'habite, sans vous angoisser.

Il pleure d'inconfort

Ces pleurs sont petits, mais répétés, insistants. Tâchez de comprendre d'où vient la gêne afin d'y remédier: couche souillée, érythème fessier, impression de froid ou de chaud, position inconfortable, nudité, etc. À chaque problème sa solution. Un exemple: votre bébé a horreur d'être nu? Enroulez-le dans une serviette bien chaude quand vous avez à le déshabiller entièrement.

Il pleure de douleur

Ces cris sont aigus, stridents, difficiles à supporter. Mais l'enfant de cet âge ne sait souvent pas encore porter la main là où il souffre; aussi est-il difficile, dans la plupart des cas, de comprendre d'où vient le mal.

Que faire?

Prendre votre bébé dans vos bras, pour ne pas le laisser souffrir seul. Tenter de comprendre ce qui lui fait mal et y remédier. S'il paraît malade, appeler un médecin.

● Il fait ses dents

Si votre bébé a les pommettes rouges, suce vigoureusement son poing, bave beaucoup, a les gencives enflées et semble souffrir, peut-être est-il en train de se préparer à sortir sa première dent.

Celle-ci peut apparaître dès cinq mois ou n'être toujours pas sortie à un an, sans qu'il y ait lieu de s'inquiéter dans un cas comme dans l'autre. Il n'existe pas d'enfants qui n'ont pas de dents et la date d'apparition de la première est absolument sans importance et sans aucun rapport avec le reste du développement de l'enfant. Autant les

Dans quel ordre sortent les dents ?

Les deux incisives inférieures sortent en premier, puis les incisives supérieures. Les incisives latérales supérieures sont souvent les suivantes, et les incisives latérales inférieures sortent en dernier.

dents de lait sortent toujours plus ou moins dans le même ordre, autant l'âge d'apparition de la première dent peut être très variable : cinq mois est assez banal, mais douze mois est courant aussi. Alors ne faites preuve d'aucune impatience.

Certains bébés semblent souffrir plus que d'autres quand les dents sortent. Cela peut même s'accompagner de rougeurs sur les fesses. En revanche, les dents ne sont jamais directement responsables de fièvre, de diarrhées, de bronchite ou de vomissements. L'enfant, souvent moins résistant pendant cette période, est exposé à des infections qu'il faut soigner comme telles. Négliger un symptôme en le mettant sur le compte des dents serait une erreur.

Aider son bébé

• Donnez-lui quelque chose de ferme à mâcher : anneau de dentition, carotte réfrigérée. L'anneau qui contient un liquide doit être mis au réfrigérateur (le froid soulage l'inflammation).

• Frottez doucement sa gencive avec votre petit doigt, et éventuellement un gel apaisant que le pharmacien vous conseillera. Mais évitez anesthésiques et aspirine.

• Par temps froid, ou seulement si le vent est frais, couvrez chaudement la tête et le visage de votre bébé.

• Une fois que votre bébé a des dents, ne le laissez plus mâchouiller toute la nuit un biberon de lait ou d'eau sucrée. Attention aux caries !

⊙ Il est malade

Dans certains cas, c'est la fièvre ou la douleur qui font pleurer le bébé. Les jeunes enfants peuvent monter très vite à des températures élevées. Un bébé trop couvert ou exposé soudain à une forte chaleur ne peut pas réguler sa température interne rapidement et risque le classique coup de chaleur qui se traduit entre autres par une température très élevée.

Une main posée sur son front n'est pas un bon indicateur de la température : plus vous avez les mains froides, plus le front vous semblera chaud. S'il vous semble que votre enfant a de la fièvre, seul un thermomètre vous le confirmera. Le thermomètre frontal à cristaux liquides vous donnera déjà une bonne indication, mais c'est le classique thermomètre rectal qui vous donnera une indication totalement fiable.

Si la fièvre de votre bébé dépasse 38 °C et qu'elle est associée à d'autres signes (toux, diarrhées, pleurs, etc.), contactez vite votre médecin. Lui seul pourra déterminer les causes de cette température élevée et vous dire comment la traiter. Car la fièvre n'est qu'un signe associé à une maladie qu'il convient de diagnostiquer sans tarder.

Faire baisser la fièvre

Il existe des moyens simples et tout à fait efficaces, qui dispensent d'employer des médicaments risquant de brouiller les symptômes, alors qu'un diagnostic n'a pas encore été posé.

- Découvrez l'enfant. Ôtez brassière et couvertures. Ne lui laissez, au maximum, qu'une petite chemise de coton.

- Faites fonctionner un ventilateur en l'orientant dans sa direction, mais sans le mettre trop près de lui.

- Enveloppez-le dans un linge fin (drap de lit) imbibé d'eau froide, puis essoré.

- Laissez-le une vingtaine de minutes dans un bain dont l'eau est d'une température inférieure de 2 °C à la sienne.

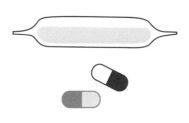

Le moment
de la toilette

Les parents peuvent être anxieux de prodiguer les soins du corps, et les explications données à la maternité ne suffisent pas toujours à les rassurer. Pourtant, en quelques jours, les choses deviennent simples et se révèlent être un vrai plaisir. Avec le temps, le bain sera une grande source de joie pour le bébé et un moment de délicieuse complicité avec ses parents.
Certains nouveau-nés détestent être nus, d'autres redoutent d'être plongés dans l'eau. Tout cela s'arrangera au fil des mois. D'ici là, il est inutile de les brusquer. Hormis le crâne, le visage et les fesses, un bébé n'est pas sale, et une toilette locale où l'on ne déshabille pas entièrement le bébé peut souvent suffire.

Le bain

Sans doute vous a-t-on expliqué à la maternité comment donner le bain à votre bébé. Le nez, les oreilles, les yeux, le nombril, le crâne, etc. Mais une fois rentrée chez vous, la manœuvre peut vous sembler bien compliquée.

⊙ Installez-vous bien

Pour changer et laver votre bébé, vous avez sans doute installé dans votre salle de bains une table à langer. À défaut, une planche posée en travers du lavabo, que vous couvrez d'un matelas de mousse, d'un plastique et d'une serviette éponge, fait très bien l'affaire. Cependant plusieurs points sont essentiels. Il faut :

• qu'il fasse bien chaud dans la pièce (22 à 24 °C) et que l'eau soit à la bonne température (le thermomètre de bain doit marquer 36 à 37 °C, mais cela dépend aussi du goût de votre enfant) ;

• que vous ayez tout à portée de la main, produits de toilette, couche et vêtements propres ;

• que vous ayez un peu de temps devant vous pour être détendue et être sûre de ne pas être dérangée.

Peu importe encore que votre bébé soit rincé dans le lavabo, dans une grande bassine ou dans une petite baignoire de bébé. Ce qui est essentiel, en revanche, c'est le confort que votre bébé ressentira et le plaisir que vous partagerez tous les deux.

Le bain quotidien se justifie par ce plaisir et par des nécessités d'hygiène, mais ne vous culpabilisez pas si vous n'avez pas le temps de baigner votre bébé entièrement. Une version abrégée peut consister à laver les fesses au savon de Marseille et à nettoyer visage, cou, mains et petits plis avec un coton imbibé d'eau chaude.

Pour la toilette du bébé

Préparez à l'avance tout ce dont vous avez besoin. C'est-à-dire :

• gant de toilette,
• coton hydrophile,
• brosse à cheveux,
• linge de rechange,
• savon de Marseille ou pain sans savon surgras,
• serviette de toilette,
• gaze,
• couche propre,
• séchoir à cheveux (idéal pour sécher les petits plis du cou, des fesses et des aisselles, et prévenir les irritations),
• au besoin : éosine, huile d'amande douce, pommade, etc.

⊙ L'heure du bain

• Ne donnez pas le bain juste avant le repas : si votre bébé hurle, c'est peut-être de faim.

• Ne laissez jamais votre bébé seul dans le bain. Même dans très peu d'eau, il pourrait s'y noyer. Apportez tout ce dont vous avez besoin à portée de main. On sonne à la porte ? Ne répondez pas, ou bien emmenez votre bébé avec vous, roulé dans sa serviette de bain.

• Débranchez systématiquement le téléphone pendant le temps du bain : ainsi, vous ne serez pas tentée de répondre.

• Agissez avec des gestes fermes et confiants. Votre bébé se sentira en sécurité et acceptera le fait d'être baigné. Si, au contraire, il vous sent hésitante, il se sentira lui-même mal à l'aise et compliquera encore la situation.

• Soignez le confort de votre bébé : eau suffisamment chaude, serviette sur le radiateur, chauffage d'appoint dans la salle de bains, habits à portée de la main, etc.

• Si votre bébé a peur de l'eau, plongez-le progressivement dans la baignoire, juste pour le rincer. Mettez d'abord peu d'eau, puis un peu plus les jours suivants. Tenez-le dans vos bras et plongez-le doucement dans l'eau tout en continuant à lui parler d'une voix douce et tendre pour le rassurer.

• Trouvez un ou deux jouets de bain que le bébé aura plaisir à retrouver chaque jour et à voir flotter.

• Retirez votre bébé de la baignoire avant de vider l'eau : il y en a que cela effraie (craignent-ils d'être jetés avec l'eau du bain ?).

• Pour des questions d'hygiène, débutez la toilette par le haut et finissez par le bas. Ne prenez pas votre bain avec votre bébé, sauf si vous venez juste de vous laver soigneusement.

• Faites de l'heure de la toilette un moment privilégié. C'est le temps du jeu, des chatouilles, des caresses, du bavardage.

◉ Attention, danger…

Certains produits pour la toilette, même s'ils sont vendus dans des lignes de produits pour bébés, sont inutiles, voire risqués pour un nouveau-né.

• Les Coton-Tige ou le coton enroulé autour d'une allumette. N'en utilisez jamais pour nettoyer les oreilles ou les narines de votre bébé. Un petit morceau de coton roulé en mèche et imbibé d'eau tiède suffit largement. Ne l'enfoncez pas dans les conduits : contentez-vous d'en essuyer les contours.

• Les éponges, qu'elles soient synthétiques ou naturelles. Elles sont de vrais nids à microbes. À son âge, vous pouvez laver votre bébé à main nue, ou avec un gros morceau de coton hydrophile. Plus tard, préférez le gant de toilette : il a le mérite de pouvoir être changé chaque jour et passé en machine.

• Le shampooing. Il est inutile pendant les deux ou trois premiers mois. Lavez plutôt le crâne de votre enfant avec le savon que vous utilisez pour le reste du corps. Plus tard, choisissez un shampooing « spécial bébé ».

• Le lait de toilette, qui nettoie de façon superficielle. Il peut certes dépanner. Mais en usage quotidien, de l'eau tiède avec un peu de savon est préférable. De plus, certains bébés à la peau très fragile peuvent être irrités par le lait de toilette en usage répété.

- L'eau de toilette. Même les eaux de toilette «spécial bébé» sans alcool peuvent, du fait des parfums, provoquer des réactions allergiques chez certains enfants. Et puis un bébé propre sent tellement bon naturellement...

- Le talc. Très utilisé autrefois, il est aujourd'hui fortement déconseillé. Avec l'urine, il favorise la macération dans les petits plis et peut être la cause d'irritations cutanées.

⊙ Tenir compte de ses goûts

Votre nouveau-né déteste être déshabillé? Vous ne vous sentez pas assez sûre de vous pour lui donner un vrai bain? Vous n'avez pas beaucoup de temps? Lavez alors votre bébé tout en le gardant sur vos genoux (recouverts d'une grande serviette éponge), ou bien couché sur son matelas à langer. Ne déshabillez que le haut du corps, que vous savonnez à la main, avec un morceau de coton ou avec un gant propre. Puis vous rincez, séchez et rhabillez avant de découvrir le bas du corps.

Votre bébé aime être plongé dans l'eau? Commencez alors par le savonner

entièrement, y compris le crâne, sur la table à langer. Puis plongez-le tout doucement dans l'eau, une main sous la tête et l'autre sous les fesses. Gardez toujours la main sous la nuque et servez-vous de l'autre pour le rincer. Quand votre bébé est bien propre et qu'il a profité un moment de ces nouvelles sensations, sortez-le et enveloppez-le dans une grande serviette de toilette.

Il n'aime pas l'eau

Le bébé passe les neuf premiers mois de sa vie dans le ventre maternel, en milieu liquide. La sensation de l'eau sur sa peau lui est donc connue et normalement très appréciée. Le premier bain, donné parfois en salle de travail, le prouve. Pourtant certains bébés, dans les jours ou les semaines qui suivent, se mettent apparemment à détester l'eau. Ils refusent le bain et hurlent chaque fois qu'on les y plonge. Pourquoi? C'est difficile à dire. Il semble qu'une seule expérience désagréable suffise. Le bébé peut avoir eu du savon dans les yeux, ou avoir éprouvé un sentiment d'insécurité parce qu'il n'était pas bien soutenu. Si un jour un bain a été donné de façon trop brusque ou dans une eau trop froide, cela peut suffire. Le bébé a associé bain et souvenir désagréable. Depuis, il pleure chaque fois. D'autant qu'il déteste le plus souvent sentir l'air sur sa peau nue.

Si votre bébé n'aime pas l'eau, vous devez prendre le temps, très progressivement, de le réconcilier avec les plaisirs de l'eau. Interrompez le bain au besoin. Vous pouvez laver votre bébé avec un gant de toilette et du savon, et le rincer avec un autre gant que vous trempez dans une eau bien chaude, sans crainte pour son hygiène. Si vous

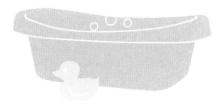

Les dangers du bain

• Tant que votre bébé ne tient pas bien assis, gardez un bras sous sa nuque.

• Mettez peu d'eau dans la baignoire.

• Couvrez le robinet d'eau chaude avec un gant de toilette pour éviter que votre bébé ne se brûle. Et soyez prudente si vous ajoutez de l'eau chaude dans la baignoire lorsque l'enfant y est.

• Évitez le bain moussant qui décape la peau et risque de piquer les yeux.

• Placez systématiquement un tapis antidérapant au fond de la baignoire.

• Ne laissez pas votre bébé se mettre debout dans la baignoire.

• Ne laissez pas votre bébé jouer avec des flacons en verre.

prenez soin de laver alternativement le haut, puis le bas du corps sans jamais le mettre entièrement nu, il y a de fortes chances pour que tout se passe bien.

🔵 En grandissant

À trois ou quatre mois, votre bébé a pris confiance en lui et peut désormais apprécier le bain. Devenu trop grand pour sa baignoire de bébé, il se baigne désormais dans la grande. Pour l'habituer, vous pouvez, pendant quelque temps, déposer sa petite baignoire au fond de la grande. Pensez aussi à prendre soin de votre dos et évitez de trop vous pencher. Agenouillez-vous à côté de la baignoire après avoir posé près de vous tout ce dont vous aurez besoin.

L'horaire du bain importe peu, de même que le lieu (salle de bains, cuisine…), pourvu qu'il soit bien chauffé.

Au fil des mois, le bébé a davantage besoin de son bain quotidien. Assis dans l'eau, il trouve un grand plaisir à éclabousser et à jouer. Se baigner est alors une détente pour l'enfant et un temps de partage privilégié avec l'adulte. Si votre enfant fait partie de ceux qui se précipitent dans le bain et ne veulent plus en sortir, vous n'aurez pas de problèmes pour enrichir son plaisir de nouveaux jeux différents. En revanche, s'il se baigne à contrecœur, il vous faudra faire preuve de patience.

Les plaisirs du bain

Ils seront nombreux si vous vous souvenez que ce moment n'est pas seulement destiné à se laver, mais aussi à s'amuser et à se relaxer. Laissez couler l'eau lentement pour que l'enfant puisse jouer avec le filet d'eau. Les éclaboussements sont une autre source de plaisir, même si vous devez ensuite passer la serpillière dans la salle de bains… Cela n'est rien en comparaison du bonheur que l'enfant prend à jouer avec l'eau. Les enfants apprennent ainsi à ne pas craindre l'eau et pourront ensuite généralement aborder la piscine ou la mer de façon très détendue.

Autre grand plaisir : la patouille. Dès que votre bébé se tient assis dans le bain, vous pouvez lui fournir des jouets. Remplir, vider, transvaser… il ne s'en lasse pas.

Le moment de la toilette

Les soins du corps

La peau fragile des bébés a besoin de soins spécifiques et de précautions élémentaires. Pour autant, la toilette et le change ne doivent pas vous apparaître comme une opération complexe.

➤ Fontanelle et croûtes de lait

On appelle fontanelle la partie molle qui se trouve au sommet du crâne de l'enfant. Il s'agit d'une zone de la forme d'un losange correspondant à un cartilage de croissance, là ou les os du crâne ne sont pas encore soudés (cela prendra entre un et deux ans). Recouverte par le cuir chevelu, la fontanelle est élastique et ne présente aucune fragilité particulière. Pourtant, bien des parents croient le contraire, au point qu'ils hésitent à savonner correctement la tête de leur bébé. Or, il se trouve que le crâne de bébé produit des sécrétions graisseuses entraînant la formation de petites croûtes que l'on nomme couramment des «croûtes de lait». Pour les éviter, il ne faut pas hésiter à laver chaque jour la tête du bébé. Pour les faire disparaître, on les enduit matin et soir d'un peu de vaseline ou d'huile d'olive pendant deux jours, puis on ôte le tout le troisième jour avec du savon, en s'aidant au besoin d'un petit peigne. Cela fait partir les croûtes de lait et s'effectue sans aucun risque.

➤ Le change

Quand changer le bébé? À chaque repas. Avant, après ou pendant la tétée? Cela dépend de vous et de votre bébé. Si vous le changez avant, ne lui mettez qu'une couche rectangulaire «provisoire», car il y a de grandes chances pour qu'il ait une selle au cours du repas. Si vous attendez la fin du repas, vous risquez de devoir réveiller un bébé qui commence à s'endormir. Alors pourquoi pas au moment du rot? Vous changerez également votre bébé en dehors des repas, chaque fois que c'est nécessaire (couche souillée), mais ne le réveillez jamais.

Comment procéder?

- Préparez tout ce dont vous avez besoin à portée de main: couche propre, gant et serviette de toilette, savon, eau tiède.

- Allongez votre enfant sur le matelas à langer recouvert d'une serviette.

- Retirez proprement la couche souillée en la roulant sur elle-même et en la refermant avec les adhésifs.

Attention!

Ne laissez jamais votre bébé seul sur la table à langer. Mieux: gardez toujours une main sur lui. Vous devez vous éloigner? Posez bébé par terre. Nombreux sont les accidents qui surviennent pendant le change.

- Lavez les fesses avec le gant savonneux, toujours l'avant avant l'arrière, sans oublier les petits plis.
- Rincez soigneusement. Essuyez avec la serviette.
- Mettez la nouvelle couche après avoir, au besoin, étalé une pommade sur les fesses de votre bébé si elles sont abîmées.
- Quand le bébé est assez grand pour se tenir debout dans la baignoire, il est pratique de lui laver les fesses directement avec le jet de la douche.

Quelles couches utiliser ?

Les changes complets sont très pratiques, mais le budget couches est alors important. Faites votre enquête : les marques de distributeurs sont souvent meilleur marché. Les couches rectangulaires sont moins chères et peuvent parfois être utilisées la journée.

On assiste au retour des couches lavables en tissu. Le coût, à terme, est inférieur à celui des couches jetables : une fois les couches achetées, elles sont inusables et dureront aussi longtemps que nécessaire. Si cette option vous intéresse, vous trouverez sur des forums Internet des conseils d'autres mamans pour rendre l'utilisation de ces couches plus pratique : comment les doubler avec un film en « non tissé » jetable, comment les faire tenir dans une culotte imperméable, etc.

◯ L'érythème fessier

C'est le nom que l'on donne aux rougeurs qui apparaissent fréquemment sur les fesses des bébés. Elles sont dues le plus souvent à la fragilité de la peau du bébé, en contact fréquent avec l'humidité et l'acidité des couches. L'urine et les selles produisent de l'ammoniaque qui brûle sa peau. Ces rougeurs, pour banales qu'elles soient, n'en sont pas moins douloureuses et nécessitent que l'on s'en préoccupe.

- Changez la couche dès que nécessaire. Ne laissez jamais votre bébé longtemps avec une couche mouillée sur les fesses.
- Laissez-lui les fesses à l'air aussi souvent que possible, notamment l'été. Il n'y a pas de meilleur traitement.
- À chaque change, lavez les fesses de l'enfant avec un coton imbibé d'eau chaude, et avec du savon de Marseille en cas de selles. Rincez très soigneusement et séchez longuement avec un séchoir à cheveux.
- Appliquez éventuellement une pommade ou badigeonnez avec une solution, selon ce que le médecin aura prescrit.
- Assurez-vous qu'il ne s'agit ni d'une réaction à une lessive ou à un type de couche, ni de l'effet d'une autre affection, le muguet par exemple.

En prévention, vous pouvez essayer d'enduire les fesses de votre bébé, à chaque change, d'une très fine couche d'une crème protectrice à l'oxyde de zinc, qui a le mérite d'isoler ses fesses de l'humidité. Mais cessez les applications en cas de rougeurs, car elles empêcheraient la peau de respirer, donc de guérir convenablement. Vous pouvez aussi essayer l'huile d'amande douce en massage. Mais il semble que la meilleure prévention soit une parfaite hygiène, basée sur l'eau et le savon...

⊙ Habiller bébé

Certaines mères se sentent maladroites lorsqu'il s'agit d'habiller et de déshabiller leur bébé. Elles n'osent pas tirer sur le bras pour enfiler la manche, encore moins passer des encolures autour de la tête du bébé. Par ailleurs, de nombreux bébés détestent qu'on les déshabille. La sensation de nudité leur est désagréable et ils hurlent dès qu'ils sentent l'air frais sur leur peau nue. Plus tard, c'est rester

immobile quelques minutes qui leur deviendra insupportable !

Pourtant, le bébé est loin d'être aussi fragile qu'il y paraît, et vous deviendrez vite experte. Si vous êtes de celles pour qui le côté pratique (pour vous) et confortable (pour bébé) doit primer sur l'esthétique, voici la tenue de base : chemise fine, grenouillère, chaussons et gilet (par temps frais). À posséder en plusieurs exemplaires...

Si vous évitez les encolures serrées qui se passent par la tête et les manipulations trop nombreuses, si vous y mettez une bonne dose d'humour et de tendresse, tout se passera vite et bien.

Comment procéder ?

• Préparez tout à portée de main et installez-vous confortablement.

• Roulez les jambes et les manches des vêtements comme pour un collant. Glissez votre main dans la manche et attrapez doucement la petite main.

Il a trop chaud, il a trop froid

D'une manière générale, les jeunes bébés sont trop couverts. On a si peur qu'ils attrapent froid ! En réalité, ils risquent d'attraper froid lorsqu'on les déshabille pour leur donner leur bain ou lorsqu'on les laisse dans un courant d'air, mais sinon...

Votre bébé est comme vous : si vous avez chaud, il a chaud aussi. Si vous vous sentez bien avec une chemise et un gilet, inutile de lui en mettre deux. Il a la nuque humide ? Découvrez-le : il a trop chaud. Mais laissez-lui ses chaussons : les bébés ont souvent les pieds froids. Si vous avez froid, votre bébé a plus froid que vous. Sa masse musculaire est plus faible et il se défend moins bien contre le froid. Aussi ne tardez pas à lui rajouter un gilet ou une couverture. Lorsque vous lui donnez son bain, branchez au besoin un radiateur d'appoint dans la salle de bains.

Une température de 19 °C dans sa chambre est suffisante. Une couverture de laine, en plus de son pyjama, suffit à son confort.

- Tirez sur l'encolure de la chemise avant de la passer par la tête.

- Retournez le moins possible votre bébé. Parlez-lui doucement et attirez son attention sur ce que vous faites en commentant vos gestes.

Le trousseau de base

- Plusieurs grenouillères (il se salit beaucoup) faciles à entretenir, en tissu éponge extensible. Préférez celles qui se ferment devant : vous n'aurez pas à retourner votre bébé pour le changer.

- Des sous-vêtements. Dans les premiers temps, préférez les brassières à large encolure au « body », qu'il vous faudra changer dès qu'il sera un peu mouillé (ce qui oblige à le déshabiller entièrement).

- Des chaussettes ou chaussons.

- Un surpyjama ou un nid d'ange.

◯ Pour l'enfant plus grand

Le problème essentiel sera de le faire patienter pendant que vous l'habillez. Dessins au plafond et comptines vous y aideront. Progressivement, votre enfant participera aux étapes de l'habillement, rendant celui-ci nettement plus facile. Les conseils essentiels pour cet âge consistent avant tout dans le choix des vêtements.

- Ne vous fiez pas aux tailles des fabricants et achetez toujours un peu grand.

- Achetez de préférence des vêtements en coton et évitez tout ce qui ne va pas au lave-linge à 30 °C. Aux habits

compliqués, préférez l'ample et le douillet.

- Quand bébé commence à se mettre debout, pensez à mettre des semelles antidérapantes à ses grenouillères.

- Optez pour les combinaisons et salopettes, qui évitent d'avoir le ventre à l'air.

- Évitez les robes pour les petites filles tant qu'elles ne marchent pas : cela les empêche de se déplacer sur le sol.

Les séances d'habillage

Si votre enfant est très actif, il se peut qu'il ne supporte plus de rester immobile pendant que vous le changez et les séances d'habillage deviennent une épreuve de force. Vous le contraignez pendant qu'il essaie de s'enfuir, vous vous énervez parce qu'il vous met en retard. Bref, c'est très dur.

Pour vous aider

- Pour le « haut », habillez-le pendant qu'il est assis, en train de jouer ; pour les pieds, pendant qu'il est installé sur sa chaise haute.

- Pour les couches, organisez des jeux sur la table à langer : petits objets à manipuler, chansons, petits jeux. Vous pouvez en profiter pour lui apprendre le nom des différentes parties du corps…

- Pour le « bas », asseyez-vous et coincez-le entre vos jambes, debout et dos à vous.

- Apprenez-lui à participer, comme un « grand » : tendre la main, enfiler le bras, glisser son pied, sont des gestes qu'il peut faire pour vous aider.

La famille
change

Ce bébé, qui est maintenant un nouveau membre de la famille, va en bouleverser toutes les habitudes. Pendant cette première année où les tâches de maternage sont prédominantes, votre rôle auprès du bébé est essentiel. Au cours de votre congé de maternité, vous avez plus de temps pour faire connaissance et créer, ou plutôt prolonger, une relation d'étroite intimité. Pendant les premières semaines, tout votre temps est consacré à votre bébé, toutes vos préoccupations tournent autour de lui. Par moments vous êtes débordée ou épuisée. C'est normal. Il vous faut un peu de temps pour vous organiser. Et pour que chacun trouve sa place dans la nouvelle cellule familiale.

Une place pour chacun

Pendant les premières semaines, alors que toute l'attention est concentrée sur le nouveau-né, chacun doit se faire une nouvelle place : père, mère, frères et sœurs, grands-parents...

➡ Devenir mère

Dans les premiers temps, le bébé requiert une attention de tous les instants. Cette préoccupation maternelle est normale. Mais rester isolée chez soi en tête à tête avec son bébé ne peut avoir qu'un temps. Vous existez aussi et vous allez pouvoir recommencer à vous occuper de vous.

Se faire aider

Certaines mères souffrent de solitude et d'enfermement. C'est le moment de téléphoner aux copines. Privilégiez celle dont les enfants sont grands et qui sera ravie de pouponner un peu ou celle qui saura arriver avec une tarte aux poireaux, faire chauffer l'eau du thé et repartir lorsque vous serez fatiguée.

Si vous n'avez pas de copine à appeler :

- invitez une voisine à boire un café ;

- osez aborder cette maman avec son bébé que vous avez vue au square plusieurs fois ;

- glissez votre bébé dans son sac kangourou et sortez faire du lèche-vitrines.

D'autres mères souffrent d'être envahies par la famille qui s'impose, les visites qui n'en finissent pas :

- apprenez à dire non gentiment ;

- abusez du répondeur téléphonique ;

- à la visiteuse qui bavarde, assise sur le canapé, proposez de faire votre repassage pendant que vous allaitez le bébé ;

- gardez du temps pour des tête-à-tête avec votre conjoint.

S'occuper de soi

Physiquement, où en êtes-vous ? C'est peut-être le moment de :

- commencer la rééducation du périnée chez le kinésithérapeute ;

- prendre soin de votre alimentation pour commencer à perdre en douceur les kilos de la grossesse ;

- faire un soin de peau ou prendre rendez-vous chez le coiffeur ;

- faire une cure de vitamines...

Se faire plaisir

On n'a encore rien trouvé de mieux pour le moral. Pour l'une, il s'agira de feuilleter un gros catalogue et de se commander un nouveau pull. Pour une autre, de mettre sur la chaîne ses disques de jazz favoris. Pour une troisième, de se repasser son film préféré (même s'il faut le voir en plusieurs épisodes) ou de relire tous les vieux Astérix... À chacune de savoir, sans culpabilité, se faire du bien. L'ambiance n'en sera que meilleure et bébé plus heureux.

Soyez indulgente

S'occuper quotidiennement d'un bébé, élever son enfant sont des tâches difficiles. Trouver sa vérité à travers les consignes des livres de puériculture ou de psychologie, les conseils des grands-mères ou des copines, et son propre bon sens se fait parfois au prix de longues hésitations, rarement sans une bonne dose d'anxiété.

La mère idéale

Que proposent les médias? L'image d'une femme toujours détendue et souriante, disponible et reposée, ayant déjà perdu son ventre et ses kilos en trop, mère d'un charmant bambin rose et rond qui mange bien, à heures fixes, et dort de longues nuits d'une seule traite. Ses seules interrogations concernent le moelleux des couches et la taille des petits pots, problèmes dont elle discute avec son mari, très concerné. Une mère idéale.

Vous, à côté? Vous êtes fatiguée par des nuits trop courtes. Votre bébé est enrhumé. Il pleure la nuit et les voisins cognent au plafond. Ou bien c'est votre mari qui s'énerve. Ou bien c'est votre bébé qui refuse de boire son jus d'orange, ou qui vomit tous ses biberons, ou qui ne veut pas s'adapter à la garderie, ou qui a horreur du bain... que sais-je? Parfois, vous vous dites: «C'était donc ça, un bébé?» et vous vous sentez au bord du désespoir.

Rien ni personne ne vous a préparée à ces difficultés ni avertie de leur existence. Parce que personne n'est là pour vous dire que, oui, les choses sont difficiles, oui, elles vont s'arranger, oui, vous faites pour le mieux avec tout votre amour, vous commencez à vous

croire responsable des difficultés de votre bébé.

Être mère, cela s'apprend

Halte! La mère parfaite n'existe que dans les feuilletons. Vous êtes en train d'apprendre à être mère. Cela demande du temps et des efforts, de l'intuition et de l'amour. Cela ne vient pas d'emblée. Peut-être, pour votre cinquième enfant, aurez-vous plus d'aisance. Mais en attendant, c'est vous qui êtes là. Vous rencontrez les difficultés normales d'une mère et d'un bébé normalement constitué. C'est lui qui vous a faite mère, et c'est lui qui vous aidera à en devenir une bonne. Pour vous, il a toutes les indulgences. Telle que vous êtes, avec votre anxiété et vos maladresses, mais aussi avec votre immense tendresse, vous êtes tout pour lui.

Simplifiez les tâches ménagères

• Faites vos courses alimentaires par Internet et faites-vous livrer; pensez congélateur et four à micro-ondes.

• Prévoyez des repas simples.

• Limitez le repassage en ne faisant porter à la famille que les vêtements qui se froissent le moins possible.

• Faites-vous offrir vingt heures de ménage.

• Déléguez le plus possible de tâches auprès des «grands», enfants ou adultes.

• Reposez-vous chaque fois que bébé dort.

Ne vous comparez pas : vous, votre enfant, son père, formez un trio unique. Tentez de vous détendre, de vous reposer. Passez plus de temps à câliner votre bébé qu'à calculer la quantité de lait qu'il a avalée ou le temps qu'il a dormi. Vous êtes la mère parfaite de cet enfant-là : il ne pouvait en avoir une meilleure, il n'en rêve pas d'autre.

La mère de jumeaux

Les situations que rencontre la mère de deux bébés (ou plus...) du même âge sont les mêmes que celles de tous les parents : nombreux biberons, sentiment d'incompétence, sommeil haché, intendance infernale, etc. À deux « détails » près :

- les jumeaux naissent souvent avec un poids inférieur au poids moyen des bébés et doivent, de ce fait, se voir proposer de nombreux petits biberons chaque jour ;
- chaque situation est vécue en double, tout simplement... Quand la maman d'un bébé se recouche à trois heures du matin, épuisée, après avoir fini la tétée et le change de son nouveau-né, celle de jumeaux recommence immédiatement. Et à peine a-t-elle fini que le premier a de nouveau faim... Si l'un a de la fièvre, il y a des chances pour que l'autre attrape le même virus. Si l'un pleure, l'autre se réveille...

Loin de moi l'idée de brosser un tableau effrayant de la situation. Mais toutes les mamans de jumeaux que j'ai interrogées m'ont confié la difficulté des premières semaines. « Pendant trois semaines, je n'ai pas touché terre, m'a avoué l'une d'elles. Je ne dormais pas, j'étais comme un zombi, je pensais n'en voir jamais le bout. Je m'en veux

aujourd'hui de n'avoir pas eu le temps, alors, des petits câlins avec chacun de mes enfants. Mais comment faire ? Mes seuls moments de répit étaient utilisés pour récupérer un peu d'énergie, sinon je n'aurais jamais tenu le coup. »

Avec le temps, on s'organise : les bébés grossissent, les rythmes se régularisent, on prend l'habitude et les choses s'arrangent. Mais toutes les mères m'ont confié que les premières semaines avaient été les plus difficiles. « Le blues d'après la naissance ? Un luxe que je n'ai pas pu m'offrir. »

Préparer les premières semaines

La leçon à en tirer est simple. Si vous attendez des jumeaux, vous devez préparer votre retour à la maison avec encore plus de soin : le réfrigérateur et le congélateur pleins de produits rapides à cuisiner ; les chambres, les biberons, les couches, le matériel, tout doit être prêt ; le papa qui prévoit son congé paternel. Et songez aussi à vous faire aider : une voisine qui se propose pour le pain frais ; une grand-mère pour faire la baby-sitter ; une copine pour un coup de ménage ou un repas tout prêt. Surtout, il ne faut pas hésiter à demander de l'aide de manière précise. Vos amis sont pleins de bonne volonté mais n'ont pas toujours une idée claire de ce qui vous rendrait réellement service.

➲ Et le papa ?

Son rôle n'est pas moins important. Personne ne niera que la mère a, dans les premiers temps, un rôle privilégié. Parce qu'elle a porté son enfant neuf mois, par la préparation psychologique et hormonale qui s'est effectuée en elle, par sa disponibilité quotidienne lors de son congé de maternité, la mère vit dans une intimité totale avec son bébé. Mais cela ne doit pas exclure le père. Son rôle, indispensable, spécifique et fondateur, commence bien avant la naissance. Parce qu'il est différent de la mère, parce qu'il représente le monde du dehors, il apporte une dimension d'éveil et d'ouverture qui n'existerait peut-être pas sans lui – ou alors autrement.

Devenir père

Qu'il se montre fou de joie, attentionné, émerveillé ou un peu perdu, lui aussi vit une grande transformation dans sa vie de tous les jours. Ce nouveau-né qui vous accapare tant, votre conjoint vous aide à vous en occuper. Il participe aux tâches quotidiennes. Peut-être se sent-il comme ces «nouveaux pères» qui trouvent une grande joie à pouponner leur nouveau-né. Mais cette nouvelle responsabilité peut entraîner une certaine anxiété. De plus, votre conjoint a sûrement besoin que vous le rassuriez sur le fait que vous êtes toujours et avant tout une femme, celle qu'il aime et dont tout l'horizon ne se résume pas à la maternité.

La place du père est aussi importante que celle de la mère. Il peut donner les biberons, se charger des soins du corps, faire des câlins. Le bébé apprécie toujours ces sensations différentes que le père procure: odeur et gestes différents, façon autre de s'occuper de lui. Il apprend ainsi progressivement à se différencier de sa mère et à adopter une identité propre; mais le père a aussi, au cours de cette première année, un rôle très important à jouer auprès de sa femme.

- Il peut, en la déchargeant d'un certain nombre de tâches, l'aider à se consacrer aux besoins de son bébé. (Inutile d'attendre qu'elle soit épuisée pour partager avec elle les contraintes.)

- En lui signifiant qu'elle est encore et avant tout sa femme, il l'aide à ne pas se vivre comme exclusivement mère, mais à reprendre son identité de femme et d'épouse.

Une place fondamentale

Impressionné par ce si petit bébé, le père se sent souvent très maladroit. Pourtant, s'occuper très tôt de son bébé est le meilleur moyen de dépasser cette appréhension et de créer une bonne relation avec lui. Devenir père se fait dans l'exercice concret de la paternité, et tous ceux qui se sont occupés de leur bébé y ont trouvé un grand plaisir.

L'instinct paternel n'existe pas

Il n'y a pas plus d'instinct paternel qu'il n'y a d'instinct maternel. Certains pères ne ressentent pas grand-chose devant cette petite boule de chair. D'autres sont intimidés. D'autres encore fous de bonheur et de fierté. Mais tous devront apprendre à faire connaissance, à entrer en relation et à répondre aux besoins de ce nouvel enfant.

Finalement, l'amour des parents pour leur enfant se développe au fil des premiers jours, puis s'approfondit au cœur du quotidien, à travers les mille liens qui se tissent en une toile solide.

Chaque père devrait se donner pour plaisir de passer chaque jour un moment en tête à tête avec son bébé et de s'en occuper seul pendant un temps plus long, une demi-journée ou une journée chaque semaine. Père, mère et enfant ont tout à y gagner. Trop de pères ignorent encore à quel point leur petit enfant les aime, a besoin d'eux et combien il serait parfois plus important le soir de rentrer faire un câlin plutôt que de terminer un ultime dossier. Aujourd'hui, cependant, les pères s'occupent de plus en plus de leurs bébés et ils y trouvent beaucoup de plaisir. Le temps est révolu où ils estimaient que les jeunes enfants étaient l'affaire des femmes...

Un rôle en contrepoint

Le père exerce peu à peu un rôle de contrepoint face à l'amour de la mère, évitant que mère et enfant ne s'enferment trop longtemps dans une relation dualiste, exclusive et fermée.

Le père est tout aussi important que la mère, mais leurs rôles ne sont pas interchangeables : c'est parce qu'ils sont différents, qu'ils ont des tâches et des comportements complémentaires, que l'enfant, situé à la croisée de deux influences, trouvera son chemin et sa personnalité propres. On a montré que, si le père participe à l'éducation, le bébé semble pousser plus fort, être plus malin et mieux contrôler son impulsivité. Dès six mois, on constate que bébé se calme en présence de sa mère alors qu'il semble éveillé et stimulé par la présence de son père. Il faut dire que les pères, en général, développent davantage les activités corporelles avec leur petit et le poussent davantage à faire des efforts et à trouver son individua-

lité. Le père complète donc la mère et permet à l'enfant d'aller de l'avant.

⊘ Les parents solo

Il est de moins en moins rare qu'une mère se retrouve très tôt seule en charge de son bébé. Les raisons divergent : géniteur disparu, père à distance, insémination avec donneur anonyme, etc. Mais qu'elle résulte ou non d'un choix personnel, la situation n'en reste pas moins délicate à assumer. Ce qui peut en être dit s'applique également à certains pères : la chose est plus rare mais existe néanmoins.

Les situations que rencontrent les parents solo ne sont pas différentes de celles des autres parents : bébé qui pleure, réveil de nuit, fièvre soudaine, etc. Mais ils ont à y faire face seuls, sans pouvoir s'appuyer sur l'autre ni passer le relais. Ce qui peut générer une anxiété importante.

Outre le fait de tout tenter pour que l'absent/e s'investisse dans l'existence de son enfant et participe à son éducation, il est important que le parent solo s'entoure suffisamment. Une famille qui saura prendre le relais, mais aussi des amis qui sauront l'inviter à sortir de chez lui et le distraire parfois de ses occupations parentales. Le risque essentiel du parent solo est le repli sur soi et sur le « petit couple » qu'il forme avec son enfant – ce qui n'est bon ni pour le parent, ni pour l'enfant.

⊘ L'enfant aîné

Si votre famille comporte déjà un ou plusieurs enfants, c'est à un comité d'accueil plus vaste que sera confronté votre nouveau-né. Vous aurez bien sûr préparé cette naissance avec le ou les aînés, de façon qu'ils ne se sentent pas délaissés ou déçus, mais enrichis par la venue de ce nouvel arrivant. Au cours de la grossesse, ils sont souvent enthousiastes et impatients de voir ce nouveau copain de jeux que vous leur préparez. Mais l'arrivée d'un nouveau-né braillard devant qui tout le monde s'émerveille remet parfois douloureusement les pendules à l'heure.

Devenir un grand frère ou une grande sœur est certes une joie et une promotion. Mais cela signifie aussi que l'on va devoir dorénavant partager le temps de ses parents avec un intrus qui pleure, qui fait pipi dans sa couche et qui ne sait même pas jouer aux dominos…

Trouver sa place

Votre aîné a besoin de comprendre que vous êtes restée la même pour lui. Votre cœur a grandi et la place qu'il y occupe ne s'est pas réduite. Pour cela, prenez le temps, pendant que le bébé dort, d'être disponible pour votre aîné, de parler et de jouer avec lui. Rappelez-lui combien vous êtes fière qu'il soit grand, combien vous l'aimez et montrez-lui combien sa présence vous rend heureuse. Enfin soyez compréhensive envers les mouvements de jalousie qu'il risque d'exprimer.

Chaque enfant a besoin de savoir qu'il est unique dans le cœur de ses parents. C'est ainsi que la rivalité cédera la place à la complicité. Quant au bébé, il va vite devenir fan de ses aînés. Il va guetter leur arrivée, rechercher leur compagnie et rire à leur moindre grimace.

Cette première année n'est pas toujours idyllique. Des manifestations de rivalité ou d'agressivité peuvent apparaître. Elles doivent être reçues comme des marques d'inquiétude et de difficultés à dépasser ensemble. La vie en commun, le partage, le respect de l'autre, cela s'apprend. Cette période sème les bases de cet apprentissage et exige des parents compréhension, amour et vigilance.

⊙ Les grands-parents

Dès la première année de sa vie, il est bon pour l'enfant de savoir qu'il existe, au-delà de son noyau familial, une famille plus large, sorte de tribu dont il fait d'emblée partie. Oncles, tantes, cousins, parrain et marraine, grands-parents sont autant de personnes avec lesquelles il va pouvoir nouer des liens d'affection sincère et confiante. La « tatie » de la crèche ou l'assistante maternelle sont payées par les parents pour s'occuper de l'enfant et il les quitte lorsqu'il rentre à l'école. Au contraire, les membres de la famille offrent un amour « gratuit » et durable. À cela, les enfants sont sensibles très tôt, bien avant qu'ils ne puissent réellement le comprendre.

Les grands-parents ont, dans cet ensemble, un rôle privilégié, qui n'est aucunement celui de se substituer aux parents. Ils offrent souvent un relais appréciable aux parents débordés. Expérimentés, ils savent prendre de la distance vis-à-vis des problèmes et sont souvent de bon conseil.

Ils figurent les racines de l'enfant, son histoire. Ils sont témoins du passé, du temps « où les parents étaient des enfants ». Grâce à eux, l'enfant se découvre à la croisée de deux lignées, de deux cultures, dont il est l'aboutissement. Il se découvre un passé qui a commencé bien avant sa naissance.

L'entente entre les générations demande un respect mutuel, mais elle enrichit chacun. Même si les relations avec les parents de votre conjoint ne sont pas toujours simples, ne privez pas vos enfants de leurs grands-parents. Faites tout ce que vous pouvez pour les laisser ensemble, sans vous en mêler. Les grands-parents apprendront de leur côté à respecter vos façons de faire et ainsi tout se passera bien.

Un rôle privilégié

- Plus disponibles, ils peuvent offrir un relais appréciable aux parents débordés ainsi que la possibilité de retrouver, à deux, un peu d'intimité.
- Pour les enfants, les grands-parents sont les témoins d'un temps où leurs parents étaient des petits enfants faisant des tas de bêtises. Cela fait du bien à l'enfant de sentir que ces parents parfaits, si forts et puissants, ne l'ont pas toujours été. Ainsi lui, si petit, sera un jour fort et puissant.
- Les grands-parents témoignent que l'enfant n'est pas seulement le fils de l'un ou la fille de l'autre. Cela introduit l'enfant dans un monde symbolique où le temps reprend sa place.
- N'étant pas responsables de l'éducation de leurs petits-enfants et disposant souvent de temps libre grâce à la retraite, les grands-parents ont plus de loisirs et de patience pour les confidences, les berceuses, les secrets, les compotes « maison » et les promenades.

Premières séparations

Après la passion symbiotique des premiers jours, la mère éprouve le besoin de recommencer une vie « normale ». Elle ne doit pas culpabiliser, car il en va de l'équilibre de son enfant comme du sien. Tous deux vont apprendre à s'éloigner l'un de l'autre et l'enfant va comprendre que sa mère ne lui appartient pas.

❯ Baby-sitter : la première fois

Les premières sorties sans leur bébé sont parfois difficiles pour certains parents et le choix de la personne qui va s'en occuper contribue beaucoup à les rassurer et à les détendre. Le plus simple au début est sans doute de faire appel à quelqu'un de proche, famille ou ami. Quand ce n'est pas possible, la solution consiste à faire appel à une baby-sitter.

Il est toujours préférable de confier votre enfant à quelqu'un que vous connaissez ou que l'on vous a recommandé et en qui vous avez toute confiance. Peut-être une jeune fille de votre entourage est-elle venue vous aider à la maison dans les semaines précédentes ? Dans ce cas, faites appel à elle : l'enfant et elle se connaissent déjà, ce qui est un bon point. Mais si vous ne connaissez pas la baby-sitter, demandez-lui de venir chez vous la veille afin que vous voyiez comment elle se comporte avec votre bébé et que vous puissiez faire connaissance.

Que vous choisissiez une fille ou un garçon, une personne jeune ou plus âgée, peu importe. Ce qui compte, c'est que vous trouviez une personne de confiance, que vous jugez sûre, qui aime les enfants et qui a des gestes tendres.

C'est le caractère de la baby-sitter, bien plus que son habitude des enfants, qui vous permettra de partir ou non en toute quiétude.

Partir tranquille

Prévenez votre bébé que vous allez vous absenter et dites-lui au revoir. Même s'il ne comprend pas le sens exact des mots, votre voix le rassurera. Si possible, évitez de partir pendant qu'il dort. Sinon, dites-lui au revoir avant. Le petit bébé est plus sensible à l'anxiété de sa mère qu'au fait qu'elle le laisse quelques heures à une autre personne ; alors, une fois que la décision est prise et que tout est organisé au mieux, partez de bon cœur et amusez-vous. Si tout s'est bien passé, appelez la même baby-sitter la prochaine fois : elle s'habituera au bébé et lui à elle.

Voici quelques conseils qui peuvent vous aider à préparer la venue de la baby-sitter.

• Préparez à l'avance tout ce dont elle aura besoin : biberon, lait, eau, couches, crème, etc. Vous lui éviterez ainsi d'avoir à ouvrir tous les placards pour trouver un pyjama propre.

• Demandez-lui d'arriver un quart d'heure avant votre départ, ce qui vous laissera le temps de tout lui expliquer calmement et de partir sans précipitation.

- Mettez-la à l'aise : si besoin est, présentez-lui le bébé et faites-lui visiter les pièces principales de la maison (salle de bains, chambre de bébé, cuisine, salon...). Indiquez-lui où sont rangés le linge de rechange, les couches et le lait en poudre.

- Mettez-lui par écrit les habitudes de votre bébé : médicaments, soins, bain, biberon, etc. Mettez également le ou les numéros de téléphone où vous êtes joignable et les numéros utiles tels que médecin, voisins, urgence ou famille proche. Enfin, allez là où vous l'avez dit. Prévenez la baby-sitter si vous modifiez votre programme et soyez ponctuelle.

● Les parents travaillent

Dans un nombre croissant de familles, les deux parents travaillent et doivent donc faire garder leur bébé quand

Lui accorder du temps

Toute mère ou tout père qui travaille aura à cœur de dégager un maximum de temps pour son enfant et de se rendre disponible quoi qu'il arrive. Les structures sociales et l'organisation des entreprises n'y sont pas toujours très favorables. À chacun de tenter de les faire évoluer et de faire ses choix. Un enfant ne reste pas petit longtemps. Il a besoin de la présence de ses parents. Profitez-en avant qu'il ne soit trop tard. Même si vous travaillez à temps plein, le temps passé avec votre enfant suffira s'il est bien utilisé.

s'achève le congé maternité. Ils ne peuvent s'empêcher de se poser des questions : est-ce que je passe assez de temps avec mon enfant ? est-ce que ma présence pendant sa toute petite enfance ne lui aura pas trop manqué ? comment faire pour compenser tout ce temps que l'on passe séparés ?

Sachez d'abord que l'intensité et la qualité de votre présence comptent davantage que la quantité. Vous pouvez passer des heures à côté de votre enfant : s'il s'occupe seul et vous aussi, si vous ne créez aucun contact, il ne bénéficie pas de votre présence. Mais cette qualité sera d'autant plus importante que la quantité est faible. C'est-à-dire que moins vous partagez de temps avec votre bébé, plus ce temps doit être fait de moments intenses et riches. Cela est valable pour le père comme pour la mère.

Les modes de garde

En théorie, vous avez le choix entre plusieurs possibilités. Dans la pratique, le choix est malheureusement beaucoup plus restreint. Or, cette question de la garde est une question clé. Il est en effet plus facile de travailler en paix si son bébé est dans un bon environnement et qu'il semble heureux. Le mieux est de s'y prendre assez tôt pour choisir en fonction de son goût et prévoir une solution de rechange en cas de refus. Une fois le mode de garde choisi, sachez vous y tenir afin d'offrir au bébé la possibilité de s'habituer à ce nouveau « chez-lui ».

La collectivité

- La crèche collective peut être municipale, départementale ou privée. Les horaires d'accueil sont stricts et le prix à payer dépend de vos revenus. Elle favorise l'éveil, la sociabilité et… la propagation des microbes. Le nombre de places étant très inférieur au nombre de demandes, il est bon de s'inscrire avant même d'accoucher et de « soutenir » son dossier par tous les moyens possibles.

- La crèche familiale est à mi-chemin entre les deux précédentes : il s'agit d'un regroupement d'assistantes maternelles disposant d'un suivi et d'une formation, sous l'autorité d'une puéricultrice. Les tarifs sont ceux de la crèche collective.

- La halte-garderie est conçue pour dépanner ponctuellement les mères au foyer. Les horaires sont variables (certaines structures prennent les enfants une journée entière) et les places souvent très demandées.

L'assistante maternelle

L'assistante maternelle est une mère de famille qui accueille votre bébé chez elle, ainsi que deux ou trois autres enfants. Si elle est agréée, elle est suivie par une assistante sociale et les services de la PMI. Les horaires et les tarifs sont à décider conjointement. La mairie pourra vous fournir une liste d'adresses d'assistantes maternelles habitant près de chez vous.

Faire garder son bébé à la maison

De plus en plus de parents profitent des aides de l'État pour employer une personne à domicile. Outre la garde du bébé, elle pourra aussi, à la demande, aller chercher l'aîné à l'école et donner le bain du soir. C'est un choix très privilégié pour le bébé, qui n'a pas à être réveillé et déplacé tôt le matin, et pour les parents, rassurés de savoir leur enfant à la maison. Mais les coûts liés à ce mode de garde restent élevés. C'est pourquoi beaucoup de familles qui font ce choix cherchent à partager la garde avec un autre couple du voisinage ayant un bébé du même âge. Les deux bébés, vite copains, se retrouvent tantôt dans une famille, tantôt dans l'autre.

Le système D

Les autres solutions vont de la crèche parentale à la jeune fille à domicile que l'on partage avec la voisine, en passant par la concierge-nourrice-au-noir et la grand-mère complaisante. Cette dernière solution est évidemment agréable pour l'enfant comme pour les parents, mais c'est un luxe de plus en plus rare. Les familles sont souvent éloignées et les grands-parents pas toujours disponibles…

Les débuts à la crèche ou chez la nourrice

Votre congé de maternité est terminé. Vous allez faire votre rentrée professionnelle et votre bébé sa rentrée à la crèche ou chez l'assistante maternelle. Sans quelques précautions, cet événement risque d'être mal vécue de part et d'autre. Un bébé de cet âge est très sensible à la séparation d'avec sa mère et ses besoins affectifs sont importants. Il n'a ni les moyens de comprendre la situation ni ceux d'exprimer sa détresse.

Une adaptation en douceur

Pour accompagner votre bébé dans cette étape, il est indispensable de fonctionner en douceur. Le temps de l'adaptation est fondamental pour qu'il s'habitue. Peu à peu, il apprendra à s'y retrouver dans ses deux cadres de vie et parmi les différentes personnes qui prennent soin de lui.

Mais l'adaptation est plus qu'une immersion progressive dans un milieu. C'est un temps où vous allez accompagner votre bébé dans son nouveau lieu, y être avec lui, vous tenir dans toutes les pièces où il se tiendra bientôt seul. Ce lieu sera pour lui « investi » de votre présence et il se souviendra de vous lorsqu'il s'y retrouvera seul. L'adaptation est aussi le moment de faire bien connaissance avec l'auxiliaire ou l'assistante qui s'occupera de votre bébé.

Soyez également très attentive à préserver la sécurité intérieure de votre bébé. Pour cela, il est bon qu'il n'y ait ni rupture ni conflit entre la crèche et la maison. Une phase de transition de quelques minutes, matin et soir, destinée à échanger au sujet de votre bébé, de sa nuit, de sa journée, de son rythme est nécessaire.

N'oubliez pas enfin que les craintes d'un bébé font souvent écho à l'anxiété et au sentiment de culpabilité éprouvés par sa mère. Si vous êtes sûre de votre choix, votre enfant l'acceptera paisible-ment. Mais si vous êtes malheureuse ou mécontente du mode de garde choisi, l'enfant va le ressentir. Si vous êtes inquiète, il va se dire que vous avez des raisons de l'être et qu'il y a un danger pour lui. Alors il va refuser.

Inutile de tricher cependant, de faire semblant d'être bien. Souvenez-vous que votre enfant est en contact direct

Rendre la séparation plus facile

• Si vous allaitez encore, n'attendez pas les derniers jours pour sevrer votre enfant. Donnez-vous deux ou trois semaines, afin de remplacer très progressivement les tétées par des biberons, sans que cela soit lié à une séparation. Vous pouvez garder les tétées du matin et du soir.

• Dans le mois qui précède votre reprise professionnelle, essayez de faire garder votre bébé, tantôt une heure, tantôt un après-midi. Vous lui donnerez ainsi confiance en votre retour.

• Dans le nouveau lieu où il va être gardé, installez dans son lit deux ou trois jouets qui viennent de la maison, pour créer un lien.

• Glissez près de son oreiller un foulard que vous aurez gardé au cou plusieurs jours. Imprégné de votre odeur, il rappellera votre présence à votre bébé et le rassurera.

• Préparez une liste des « habitudes de vie » de votre bébé, ainsi qu'une liste de toutes les questions que vous avez à poser à l'auxiliaire ou à l'assistante maternelle qui s'occupera de votre enfant. Vous serez sûre ainsi de ne rien oublier d'important.

• Prévoyez du temps pour une adaptation progressive. Arrangez-vous avec le papa pour que, les premiers temps, votre bébé ne fasse que des petites journées à la crèche. Être d'emblée séparé de vous huit à dix heures par jour lui semblerait très long.

avec vos émotions. Mieux vaut lui parler simplement : « Tu sens que je suis triste de te laisser toute la journée, mais nous nous habituerons l'un et l'autre. Je suis sûre que tu seras bien ici et nous serons très heureux de nous retrouver ce soir. »

Se retrouver le soir

Les parents rentrent souvent épuisés de leur travail et ils ont du mal à trouver la patience et la disponibilité nécessaires. Pourtant, il est important de soigner ces moments-là car leur énervement retentit sur leur enfant. Pour attirer leur attention, celui-ci peut multiplier les bêtises ou les crises : s'il reste sage, on ne s'occupe pas de lui... Et les retrouvailles, qui devraient être un moment de joie, tournent parfois à l'affrontement. Ou bien les parents se disent qu'ils ne vont pas utiliser le peu d'heures qu'ils partagent avec leur enfant à faire de la discipline, et la situation risque d'empirer.

C'est aux parents de trouver le moyen de se détendre avant de retrouver leur enfant : celui-ci n'est pas responsable de la pression professionnelle et n'a pas à en subir les conséquences. C'est à eux d'établir, quand ils sont avec lui, une bonne qualité de communication. Ainsi l'enfant n'aura pas besoin de se servir de troubles divers (arrêter de manger, se réveiller la nuit, etc.) pour réclamer son dû de tendresse.

Soyez vraiment disponible

Jusqu'à ce que votre enfant soit couché, laissez de côté tout ce qui n'est pas indispensable ou qui ne le concerne pas : ménage, courses, courrier, repas des parents, télévision, etc. Dites-vous bien que passer le balai est moins important que de monter une tour avec ses cubes. Servez-vous utilement du temps passé ensemble. Le bain, le repas, le change, la mise au lit peuvent être autant de moments de communication, d'échange et d'éveil.

Le sommeil
du tout-petit

Chez les bébés, le sommeil a une fonction biologique majeure. C'est en effet lorsqu'il dort que le bébé reprend de l'énergie, qu'il libère l'hormone de croissance, qu'il fixe ses acquisitions et mûrit son système nerveux. La difficulté, c'est que tous les bébés sont différents. Si tous, vers quatre mois, peuvent faire leurs nuits, certains sont déjà de gros dormeurs, alors que d'autres ne dorment qu'en pointillé. Vers huit mois, on voit apparaître les couche-tard et les lève-tôt... Mais, de même que l'on ne force pas un bébé à manger, on ne peut obliger un bébé à dormir. On ne peut que le mettre dans la situation favorable à la survenue d'un bon sommeil...
Ce n'est qu'en observant l'enfant que l'on peut repérer quel est son rythme propre et l'aider à s'équilibrer. Au fil des mois, les temps de sommeil vont se régulariser.

Le sommeil du nourrisson

Un rythme de vie régulier aide l'enfant à développer de bonnes habitudes de sommeil, mais les parents doivent aussi parfois faire preuve de flexibilité. Il est inutile de mettre au lit un enfant parfaitement réveillé qui ne présente aucun signe d'envie de dormir.

⮕ Des besoins différents

Le nouveau-né passe environ 60 % de son temps à dormir. Mais très vite on constate qu'il existe des gros dormeurs et des petits dormeurs. Il n'est pas inquiétant que votre bébé dorme peu s'il est en bonne santé et se développe normalement. Il n'est pas davantage inquiétant que votre bébé dorme des heures, en laissant parfois passer l'heure du repas. Inutile de le réveiller : la faim s'en chargera. C'est seulement le tempérament des enfants qui varie : tel pour l'instant, il sera sans doute différent demain.

Voici un récapitulatif qui donne une idée du nombre d'heures qu'un bébé passe habituellement à dormir quotidiennement. Les chiffres incluent le sommeil de nuit ainsi que les siestes faites dans la journée.

- Nouveau-né : 18 à 20 heures
- 1 à 3 mois : 18 à 19 heures
- 4 à 5 mois : 16 à 17 heures
- 6 à 8 mois : 15 à 16 heures
- 9 à 12 mois : 14 à 15 heures

⮕ Les stades du sommeil

Le comportement du bébé peut se résumer en cinq stades, qu'il est bon de connaître.

- Le stade 1 correspond à un sommeil calme. Le nouveau-né est immobile, son visage est inexpressif et sa respiration est régulière. Ses yeux sont fermés.

- Le stade 2 est celui du sommeil agité. L'enfant bouge, s'étire, grogne ou bâille. Il a des mouvements des yeux et des mimiques du visage. La respiration peut être rapide et bruyante. Ce stade couvre la moitié du temps de sommeil total. Malgré toute cette agitation, n'allez pas croire que le bébé est réveillé ; le prendre dans ses bras à ce moment ne manquerait pas de le perturber.

- Au stade 3 le bébé est réveillé et calme. Les yeux grands ouverts, il est attentif à son environnement. C'est le moment le plus agréable à partager.

- Au stade 4 le bébé s'énerve et n'est plus très attentif.

- Le stade 5 survient si l'on n'a pas trouvé la cause du malaise : bébé pleure.

⮕ Il se réveille la nuit

Beaucoup de bébés se réveillent encore la nuit, le plus souvent à la fin d'un cycle de sommeil, lorsque le sommeil est plus léger. Ils n'ont pas appris à replonger d'eux-mêmes dans le cycle suivant. Certains se réveillent une fois, d'autres deux ou trois. Généralement, le bébé se met à crier, cela dure un certain temps, puis il se calme dans les bras de sa mère ou de son père et se rendort. Jusqu'au prochain réveil.

Trouver la cause

Voici des éléments qui peuvent provoquer ces réveils noctures. Chacun appelle une solution appropriée.

Un problème physiologique...

- Le bébé a faim, il n'a pas assez mangé ou trop tôt.

- Il a mangé trop vite et n'a pas assez tété ou sucé.

- Il a soif : il fait trop chaud ou trop sec, le bébé est trop couvert.

- Il n'est pas dans son assiette (nez bouché, douleurs digestives, otite latente, régurgitations...).

...ou un malaise psychologique

- L'atmosphère de la maison est agitée ou anxieuse ou votre bébé a été très énervé en fin de journée.

- Vous n'avez pas pris le temps de le bercer, de le rassurer et de l'aider à glisser dans un sommeil paisible.

- Une journée fatigante (beaucoup de visites, déplacement dans un lieu inconnu de bébé) peut perturber la nuit qui suit.

Comment réagir ?

Si vous avez déterminé la cause de ces réveils, vous pourrez efficacement y remédier. Sinon, voici quelques trucs qui ont fait leurs preuves :

- Donnez un bon repas le soir, copieux et digeste.

- Disposez un humidificateur dans la chambre de l'enfant.

- Donnez-lui son bain le soir.

- Avant de le coucher, donnez-lui un biberon d'eau contenant une légère infusion de tilleul ou de fleur d'oranger.

- Assurez-vous que l'ambiance autour de l'enfant soit calme, surtout en fin de journée.

Le sommeil du tout-petit

Les conditions d'un bon sommeil

- Quel que soit le type de lit choisi (couffin rigide, berceau, lit à barreaux ou autre), l'idéal est d'y installer un matelas de mousse assez ferme et bien adapté aux dimensions du bébé. Recouvrez le matelas d'un drap housse.

- Bannissez : l'oreiller, inutile et dangereux ; la plume, qui peut favoriser la survenue d'allergies ; les draps et les couvertures : le bébé risque de s'entortiller ou, au contraire, de se découvrir.

- Ce qu'il reste ? La couette ou la gigoteuse, ou «sac de nuit », qui garde bébé au chaud. Assurez-vous aussi que le tour de lit est bien fixé.

- La température idéale de la chambre se situe entre 18 et 20 °C.

Garder son calme

Vous ne parviendrez à calmer votre bébé que si vous-même vous êtes calme et paisible. Si vous ne vous sentez pas d'humeur câline, mieux vaut le laisser dans son lit et l'aider à trouver son pouce plutôt que de lui transmettre votre énervement.

Dans tous les cas, et même si les pleurs se répètent, vous ne devez en aucun cas :

• lui administrer des tranquillisants ;

• crier pour le faire taire ;

• vous déplacer au moindre appel comme si effectivement le lit était pour lui un lieu pénible ou dangereux ;

• le prendre dans votre lit ou dans vos bras à chaque appel. Au contraire, faites-le patienter cinq ou dix minutes au début, avant de le rejoindre, puis augmentez le temps progressivement. Pour que l'enfant devienne autonome, il faut qu'il ait confiance en lui. Pour cela, il faut que vous ayez confiance en lui et en sa capacité à régler seul ses problèmes de sommeil.

L'aider à faire ses nuits

Comment y parvenir ? En l'aidant à différencier le jour de la nuit. Pour les siestes de jour, inutile de faire l'obscurité totale ou le silence dans la maison : le bébé s'accommode naturellement de cet environnement. En revanche, la nuit, il convient de faire la pénombre dans sa chambre. Si vous venez le voir la nuit, n'allumez qu'une veilleuse et parlez tout doucement.

Supprimer de force le biberon nocturne en laissant pleurer le bébé ne l'aide pas à faire ses nuits. Tant qu'il a faim, il faut le nourrir et prendre patience : les nuits complètes viendront en leur temps.

❯ Le pouce et la tétine

L'un comme l'autre ont leurs partisans et leurs détracteurs. Il est important de prendre en compte le besoin qu'a le bébé de téter, besoin que le temps consacré au repas suffit rarement à satisfaire. Si certains bébés trouvent vite leur pouce et se calment ainsi, d'autres n'y parviennent pas. Pourquoi leur refuser le même apaisement et ne pas leur donner une tétine ?

La tétine

Elle est souvent décriée, car jugée malsaine, transportant toutes les saletés et faisant des parents des esclaves. En fait, on constate surtout qu'elle procure une réelle satisfaction à l'enfant. Elle aide notamment ceux qui ont des coliques ou des difficultés digestives à se calmer. Le pouce est à mon sens préférable dans la mesure où il laisse le bébé libre de le prendre ou non, à volonté, sans que l'adulte ait à intervenir. Mais on peut trouver des solutions pour la tétine, par exemple en mettre plusieurs dans le lit de l'enfant afin qu'il ait plus de chances d'en trouver une la nuit. Il existe aussi des clips permettant d'attacher la tétine au vêtement.

Le problème de la tétine, c'est que les enfants qui y sont habitués ne peuvent souvent plus s'en passer avant plusieurs années. En fait, le vrai besoin de téter cesse entre quinze et dix-huit mois, lorsque l'enfant aborde une autre phase de son existence : il a des dents, il peut croquer. S'il a pris l'habitude de s'endormir ou de se consoler avec une tétine dans la bouche (voire de la sucer toute la journée), il ne va pas choisir tout seul de s'en passer. Mais ses parents peuvent l'aider à ce moment-là à mettre un terme à cette habitude. Il suffit d'expliquer à l'enfant qu'on ne lui donnera plus de tétine parce qu'il est désormais assez grand pour s'en passer, et qu'il peut se consoler ou s'endormir en serrant dans ses bras un doudou, une peluche ou le T-shirt de maman. Il ne faudra pas plus de deux ou trois jours pour que le bébé ait changé son habitude.

Un vrai besoin

Téter est un comportement inné que le bébé emploie spontanément pour se rassurer et maîtriser les émotions qui l'envahissent. C'est un besoin à respecter. Il peut être nuisible d'empêcher un bébé de le satisfaire, avec son pouce ou avec une tétine, surtout une fois que l'habitude est prise.

Le seul signe qui puisse vraiment vous inquiéter, c'est si vous constatez que votre bébé tète toute la journée et qu'il semble ainsi se couper du monde. Lorsqu'il est reposé, qu'il n'a pas faim, qu'il joue, il n'éprouve pas en permanence le besoin de téter. Sauf si ce besoin prend le pas sur le besoin d'échanger, de communiquer et d'explorer. Dans ce cas, il convient de s'interroger sur ce qui ne va pas pour l'enfant et sans doute de passer davantage de temps à s'occuper de lui.

Quand le bébé grandit

À partir du quatrième mois, les conditions du sommeil changent progressivement. L'enfant fait ses nuits, mais il devient plus sensible à l'ambiance, aux habitudes et aux contrariétés.

● Du couffin au lit

Vers trois mois, le bébé est désormais trop grand pour continuer à dormir dans un couffin ou un berceau. Vous allez devoir lui trouver un lit. Si c'est votre premier enfant, vous n'avez peut-être pas encore choisi le lit dans lequel vous l'installerez.

• Le lit traditionnel jusqu'à trois ou quatre ans est le lit à barreaux. Souvent, la profondeur du lit est réglable et un côté des barreaux peut coulisser à volonté. Les barreaux permettent à l'enfant de voir ce qui se passe dans la chambre tout en l'empêchant de sortir de son lit.

• Si vous aimez bricoler, vous pouvez préparer un lit tout simple : un matelas posé sur le sol, avec un encadrement mesurant deux fois la hauteur du matelas. Pour plus de douceur, on recouvrira les planches de tissu molletonné. L'intérêt de ce lit, c'est qu'il est à la fois un espace de sommeil délimité (ce que les bébés apprécient, comme on peut le voir à la manière dont le plus souvent ils se glissent jusqu'au bord de leur lit pour s'endormir tout contre) et un lieu dont le bébé peut facilement sortir quand il commence à ramper : à condition que sa chambre soit parfaitement sûre et fermée, le bébé, dès six mois, peut évoluer dans son domaine, sortir tôt de son lit s'il veut jouer, aller s'allonger s'il se sent fatigué... Même si votre bébé est encore tout petit, pensez à tout cela au moment de changer le couffin pour adopter un vrai lit.

● À chacun son rythme

Le nombre d'heures que passe un bébé à dormir va diminuer rapidement de mois en mois au cours de la première année. Son sommeil se ressent facilement de sa vie éveillée. Peu à peu, il devient capable de lutter contre le sommeil. Il s'énerve et l'endormir devient difficile.

Vers un an, l'enfant, en plus d'une bonne nuit, fera encore souvent deux siestes par jour, une le matin et une l'après-midi.

Mais tous ces chiffres ne sont qu'indicatifs. Certains gros dormeurs feront encore une sieste le matin à onze ou douze mois. D'autres dormiront moins et s'en porteront très bien. Ces petits dormeurs qui hurlent dans leur lit pour qu'on les en sorte ne relèvent pas du sirop calmant...

C'est un couche-tard

Certains jeunes enfants, entre huit mois et un an, ont bien du mal à s'endormir le soir. Une fois mis au lit, ils crient et appellent jusqu'à ce que papa ou maman revienne. Un câlin, on s'assure que tout va bien, on ressort de la chambre... et cela recommence, parfois pendant des heures. Voici quelques-unes des questions que vous pouvez vous poser pour mieux comprendre la situation.

- Mon bébé est-il installé inconfortablement ? Par exemple, il a trop chaud, il a mal quelque part, l'air est trop sec... Voyez ce que vous pouvez faire.

- A-t-il eu le temps de présence dont il avait besoin ?

- Est-ce que je lui ai donné des bonnes habitudes (mise au lit régulière, avec respect des petits rites) ?

- Est-ce que je lui fais confiance pour se débrouiller seul la nuit ?

- Est-ce que j'ai l'impression qu'il me « manipule » ? Et si c'est le cas, est-ce que j'ai envie d'être ferme, ou est-ce que je prends du plaisir moi aussi à « jouer les prolongations » ?

C'est un lève-tôt

Certains bébés dorment moins que d'autres. Mais même parmi ceux qui dorment un nombre d'heures tout à fait normal, beaucoup sont des lève-tôt. Dès l'aube, ils jouent au réveille-matin, exigent un biberon... puis se rendorment.

D'autres enfants font de bonnes nuits, mais s'obstinent à se réveiller de très bonne heure le matin. Ce n'est pas forcément la faim qui les réveille, mais leur rythme intérieur. La semaine, ça va encore, mais être réveillé à six heures pendant les week-ends peut sembler assez rude. Certains bébés, qui ont besoin d'un nombre fixe d'heures de sommeil, peuvent gagner à être couchés plus tard. Mais cela marche rarement, car un bébé a besoin, pour son équilibre, de garder le même rythme toute la semaine. La solution consiste à lui apprendre à patienter gentiment dans son lit en attendant que vous vous leviez.

Pour le faire patienter

- Pour garder une certaine luminosité dans la chambre, laissez une veilleuse allumée l'hiver. De simples rideaux suffiront l'été.

- Mettez dans son lit de quoi l'occuper : hochets, tableaux de découvertes, jouets suspendus à hauteur de main ou de pied, peluches.

- S'il se réveille avec une grande faim, disposez à côté de son lit, à portée de main, de quoi grignoter : biscuits, etc.

- Ne vous précipitez pas au premier appel. Donnez-lui le temps de jouer seul et d'apprendre à différer un peu son désir.

- Certains bébés, glissés dans le grand lit entre leurs parents, s'y rendorment aussitôt...

◉ Savoir quand c'est l'heure du coucher

Un jeune enfant s'endort mieux si vous le mettez au lit au bon moment, qui se repère à des petits signes : frottements des yeux, bâillements, ralentissement de l'activité. Pour d'autres, c'est une certaine excitation qui marque la fatigue : peut-être l'enfant aura-t-il besoin de pleurer un peu pour vider ses tensions avant de plonger dans le sommeil. À chaque enfant ses manifestations, mais il ne faut pas rater le train du sommeil !

Il est plus facile de repérer ce moment et d'endormir l'enfant s'il a un rythme de vie régulier. S'il est couché tous les soirs à huit heures, par exemple, son organisme le sait et se prépare à se mettre en sommeil lorsque l'heure arrive. Régularité et petites habitudes sont d'une grande aide.

Le rituel du coucher

La mise en place de rites, répétés chaque soir au moment de la mise au lit, aide de façon efficace les enfants à rompre avec les activités de la journée et à se préparer au sommeil. Le bébé repère vite que l'on enchaîne dans le même ordre le bain, le dîner, etc. Cela l'entraîne naturellement vers le lit.

À cet âge, il ne s'agit que d'une ébauche de rituel destiné avant tout à tranquilliser l'enfant et à l'aider à se détendre. Mais avec le temps, les habitudes vont prendre de l'importance et le rituel devenir quasiment immuable. Attention alors à ne mettre en place que des habitudes que vous pourrez tenir des années!

Pour ritualiser l'heure du coucher, vous pouvez mettre en scène des petits gestes pleins de douceur:

Quelques mises en garde

• Si vous donnez l'habitude à votre bébé de s'endormir dans vos bras, il aura du mal s'endormir ou à se rendormir seul dans son lit.

• Évitez de lui donner des habitudes d'endormissement qu'il ne retrouvera pas la nuit (mobile, tétine, etc.).

• Faites du moment du coucher un temps calme et plaisant. Développez une régularité et tenez-vous-y.

• coucher au pied du lit les peluches, qui vont elles aussi s'endormir;

• chanter une chanson douce ou raconter une petite histoire;

• murmurer à son oreille une parole magique, la même chaque soir, par exemple: «Tu peux dormir maintenant, tout va bien, papa et maman sont là...»;

• placer près de son lit son objet préféré. Ensuite, vous devez sortir pour de bon, après un dernier baiser.

➲ Il ne veut pas aller au lit

Vers huit ou dix mois, le bébé, qui jusque-là s'endormait calmement, repu par son dernier biberon, proteste vigoureusement lorsqu'il est mis au lit et laissé seul dans sa chambre. Il faut savoir que ces pleurs ne relèvent pas du caprice, mais témoignent souvent d'une véritable angoisse et d'une revendication légitime.

Quelles en sont les causes? L'enfant a conscience de son existence et entretient des rapports déjà complexes avec ses proches. Toute séparation lui est pénible et la mise au lit est vécue comme telle. S'il est gardé toute la journée à l'extérieur de la maison, ne retrouvant son père et sa mère que vers six ou sept heures le soir, il vit très difficilement d'en être séparé de nouveau une heure plus tard. Si son père rentre plus tard que l'heure de son coucher, il fera tout pour l'attendre. Il sait aussi que la vie de famille continue, et supporte mal d'en être tenu à l'écart.

Que faire ?

Toute la difficulté consiste à concilier la compréhension, visant à donner à l'enfant les échanges affectifs dont il a besoin, et une certaine fermeté. Le bébé doit aussi apprendre à s'endormir. Le relever ou lui tenir compagnie chaque fois qu'il proteste risquerait d'aboutir à une multiplication des appels et des réveils nocturnes. Voici quelques idées sur la façon de s'y prendre.

• Il importe d'être sensible à l'heure où « le marchand de sable » passe. Cette heure, à peu près la même chaque soir, est celle où l'enfant s'endormira le mieux. Elle dépend en partie de l'heure de fin de sieste.

• Une heure de coucher « raisonnable » est celle qui tient compte du temps que chaque enfant a envie de passer chaque soir avec son père et sa mère. Temps de rencontre, de jeux, de câlins, et pas seulement un moment réservé au repas ou au bain. Dans la mesure où il peut dormir comme il veut pendant la journée, il n'est pas bien grave de ne coucher l'enfant qu'à neuf heures. Et il sera plus calme s'il a pu profiter tranquillement de ses parents.

• Certains enfants, lorsque la fatigue vient, augmentent leur niveau d'activité et d'énervement au lieu de le ralentir. Il est bon de le savoir, afin d'interpréter correctement cet état d'excitation. Pour ces enfants, les fins de journées doivent être particulièrement calmes et apaisantes. Le bain pris le soir donne parfois de bons résultats.

• Pour aider le bébé à faire face à l'angoisse de séparation caractéristique de cet âge, il est bon de mettre en place un rituel du coucher. Un quart d'heure de gestes habituels, reproduit chaque soir, détend et sécurise l'enfant. Sans oublier le « doudou » (voir p. 85), tellement rassurant contre la solitude.

❯ Les troubles du sommeil

Autant les problèmes de sommeil des tout-petits sont souvent passagers et se règlent simplement lorsqu'on en a trouvé la cause, autant ceux des plus grands bébés demandent une attention particulière. En effet, il n'est pas rare que certains enfants de six mois n'aient toujours pas pris l'habitude de dormir seuls la nuit entière. Les parents, épuisés, se décident fréquemment à consulter, mais il est rare que le problème soit d'ordre médical. Toutefois, le pédiatre commencera toujours par s'en assurer avant d'évoquer des questions psychologiques.

Se rendormir seul

Ces enfants qui, à six mois, réveillent encore leurs parents une ou plusieurs fois par nuit sont la plupart du temps des enfants comme les autres, mais à qui on n'a pas appris à se rendormir seuls. Il est normal que le bébé se réveille à la fin de chaque cycle de sommeil, mais il doit être capable de se rendormir rapidement et sans aide. Certains ne le font pas. Pourquoi ?

• Il peut s'agir d'un bébé que l'on a habitué à s'endormir dans certaines conditions (dans les bras de sa mère, ou avec son mobile, etc.) et qui, lorsqu'il se réveille la nuit, a besoin des mêmes conditions pour se rendormir.

N'hésitez pas à consulter

Si, même en le cajolant, vous ne parvenez pas à calmer votre bébé, il faut consulter un pédiatre. Il y a peut-être un problème qui vous échappe et que lui peut résoudre. Un bébé qui pleure beaucoup la nuit est source de tension et de fatigue pour les parents qui doivent être aidés. Sinon, l'énervement de chacun ne fait qu'aggraver les choses.

• Plus fréquemment, il s'agit d'enfants surprotégés. Le père ou la mère se précipitent au moindre appel de l'enfant, même s'il est encore à moitié endormi. Plutôt que de lui faire confiance et le laisser essayer de faire face à ses difficultés, les parents interviennent et convainquent ainsi l'enfant qu'il ne peut se débrouiller seul. Insécurisé, il devient plus exigeant.

Tant que l'enfant trouve un « bénéfice » à se réveiller la nuit (il vous voit, il a un câlin, vous jouez avec lui, etc.), il n'a aucune raison d'arrêter. Vous ne pourrez apprendre à votre bébé à dormir seul dans son lit que lorsque vous serez vous-même convaincu que c'est bon pour lui.

Si vous pensez, au contraire, que la solitude est effrayante et que la nuit doit être conviviale, alors n'essayez même pas ! Dites-vous qu'autrefois les familles dormaient toutes ensemble (c'est d'ailleurs toujours le cas dans d'autres cultures que la nôtre) et acceptez pleinement la situation.

L'aider à se rendormir

• Soyez convaincue qu'il est meilleur pour votre enfant de dormir seul, tranquille, toute la nuit. Ce qui exige de faire la part de votre culpabilité (lui donnez-vous assez de temps pendant la journée ?).

• Ne l'habituez pas à s'endormir dans des conditions qui nécessitent votre présence.

• Ne vous laissez pas « manipuler » : c'est vous qui savez, c'est à vous d'être ferme et tendre.

• Profitez de la journée pour parler à votre enfant et l'assurer de votre amour.

• Vers huit ou neuf mois, vous constaterez peut-être que votre bébé s'endort plus facilement s'il a auprès de lui un objet privilégié qu'il s'est choisi, son « doudou ». Pour d'autres, ce sera un geste : sucer son pouce, caresser son oreille ou ses cheveux, se balancer en rythme, etc.

• Il est souvent efficace que le père se lève la nuit et explique au bébé que sa mère dort, parce qu'elle est fatiguée, qu'elle ne se lèvera pas et qu'il veuille bien se taire pour la laisser dormir.

L'objet transitionnel

Autrement appelé « doudou », « néné », « dodo », etc., selon le nom que lui inventera l'enfant (ou que lui a déjà donné l'enfant aîné), l'objet transitionnel est le terme que les psychologues emploient pour désigner l'objet qui deviendra le fétiche de l'enfant. Objet choisi et aimé au point qu'il ne voudra plus s'en séparer.

➡ Un doudou pour se consoler

Vers sept-huit mois, le bébé commence à réaliser qu'il est une personne distincte de sa maman. Celle-ci peut donc ne pas être toujours disponible, se séparer de lui, voire disparaître plusieurs heures. Et même lorsque maman est là, il y a tous ces moments où l'enfant est au lit, seul dans sa chambre.

C'est à cette période que le bébé va développer un attachement très fort à un objet dont le rôle sera de le consoler, de l'aider à supporter la solitude ou à s'endormir. L'enfant va s'y attacher au point de ne plus vouloir s'en séparer. Il l'aidera à lutter contre l'angoisse de séparation. Au bout de quelques mois (voire de quelques années), l'objet finira sale, en lambeaux, laid, mais toujours adoré.

Tous les enfants ont-ils un doudou ? Il semble que non. Les enfants qui sucent avidement leur pouce ou bien une sucette paraissent être plus nombreux à ne pas se choisir de doudou. Néanmoins, en cherchant bien, on trouve souvent quelque chose de très discret qui fait office d'objet transitionnel (un geste, par exemple).

Certains enfants remplaceront la possession d'un objet par un mouvement rituel : faire boulocher un lainage, se frotter le nez ou tortiller ses cheveux. D'autres n'auront en apparence aucun doudou, sans que l'on puisse savoir pourquoi. Tous ces comportements différents sont absolument normaux. Ils doivent être respectés, car ils aident l'enfant à grandir et à trouver son autonomie.

On ignore pourquoi certains enfants, certes rares, n'ont aucun objet transitionnel. Ce qui est sûr, c'est que personne n'a mis en évidence de différences nettes sur le plan du développement général ou psychologique entre ces enfants et ceux qui traînent des années un vieil ours éventré.

De quel objet s'agit-il ?

Il s'agit de l'objet le plus doux que le bébé ait eu fréquemment à sa portée. C'est souvent un objet associé au lit : couche en tissu que l'on place sous la tête des bébés, drap, couverture, mouchoir, animal en peluche. Mais il arrive qu'un enfant s'attache à un objet plus étonnant : brassière en laine, sac de couchage, biberon, gant de vaisselle, etc. Il se peut aussi qu'un geste bien précis soit associé à l'objet : lainage que l'on fait boulocher, drap que l'on glisse entre ses doigts, mouchoir que l'on frotte contre son nez, etc. Finalement, peu importe l'objet : c'est l'enfant qui le choisira et qui l'imposera.

Des règles assez mystérieuses président au choix de l'enfant. Parmi tous les objets qui remplissent son lit, il va s'attacher à l'un particulièrement. Souvent à l'insu des parents, qui comprendront après coup, lorsque l'enfant insistera pour emporter cet objet partout. On peut seulement dire que les sens de l'odorat et du toucher interviennent certainement de façon prépondérante dans le choix de tel ou tel objet, même si ce choix reste éminemment subjectif.

Il n'y a pas de bons doudous, mais il y en a de plus pratiques que d'autres : ceux que l'on peut se procurer en double (très utile en cas de perte), ceux qui passent à la machine (l'enfant n'aime pas, car le doudou perd son odeur, mais c'est parfois indispensable), ceux qui tiennent dans le sac à main, etc.

Le rôle du doudou

Il est multiple… et toujours très important. Pour le bébé qui commence à prendre conscience de l'éloignement de sa mère, le doudou vient la remplacer. Il est une mère qui rassure, mais aussi une mère qui permet d'exprimer des sentiments contradictoires, sans crainte de représailles. Une mère que lui, tout petit, peut dominer.

- Au sortir de la toute petite enfance, le doudou est l'objet qui permet de retrouver la sécurité que l'on éprouvait, bébé, en se blottissant dans des bras tendres. On grandit, bien sûr, on devient plus autonome, mais pas sans peur ni nostalgie…

- Plus proche de soi que tout autre objet, le doudou réconforte et console. Il aide à récupérer en cas de fatigue ou de chagrin. Emporté partout, il donne un sentiment de sécurité face aux situa-tions nouvelles ou inquiétantes (une visite chez le médecin, par exemple).

- Serré contre soi le soir dans son lit, le doudou aide à lutter contre les angoisses nocturnes. Quand on se retrouve seul dans sa chambre ou que l'on se réveille à l'heure où les monstres rôdent autour des matelas, il est bon d'enfouir son visage dans une odeur amie.

Il l'emmène partout

Quand le bébé est fatigué, ou lorsqu'il a un ennui, cet objet privilégié participe à le réconforter et à le détendre. Aussi avez-vous intérêt à ne pas l'oublier lors de vos déplacements et, si possible, à vous en procurer plusieurs exemplaires !

Il n'y a pas de règle fixe concernant ces objets. C'est l'enfant qui choisit et qui décide lorsqu'il en a besoin. C'est lui aussi qui décidera de s'en passer lorsqu'il se sentira assez sûr de lui. Certains enfants ont un objet privilégié auquel ils tiennent beaucoup, d'autres n'en ont pas, et tous vont généralement très bien.

Peut-on le supprimer ?

Je vous le déconseille vivement, si l'attachement est solide. Les parents n'ont pas à intervenir dans cette relation que l'enfant a créée parce qu'il en avait besoin. Cette étape tient une place importante dans son développement. On ne doit laver le doudou qu'avec l'accord de l'enfant, de préférence si on en a un autre, identique, à lui offrir en remplacement. Même si l'enfant maltraite son doudou, le déchire ou le frappe, il faut se garder d'intervenir.

Certains enfants sont peu fidèles à leur doudou quand d'autres peuvent le garder des années. Les parents ne peuvent qu'attendre que leur petit s'en détache seul. D'ici là, qu'ils prennent garde que le doudou ne soit ni oublié ni perdu : ce serait un vrai drame et l'enfant aurait bien du mal à s'endormir sans lui.

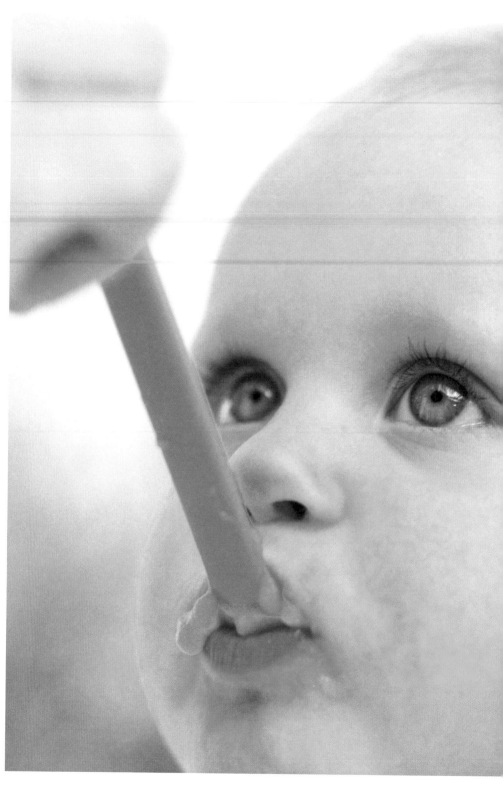

Des aliments
nouveaux

Le lait suffit aux besoins du bébé pendant trois ou quatre mois. Sauf cas particulier, il n'y a donc aucune nécessité de diversifier son alimentation plus tôt. De même, le rythme de cette diversification dépendra de la réaction de chaque bébé face à la nouveauté et à l'introduction progressive de nouveaux aliments.

Jusqu'à la fin de la première année, le lait reste un élément de base de son alimentation, remplacé progressivement par des équivalents lactés (fromage, yaourt, etc.). Cette transition sera d'autant mieux vécue qu'elle aura été progressive et sans inquiétude excessive. N'oubliez jamais que l'élément essentiel du repas tient dans le plaisir de la rencontre et d'un moment de bonheur partagé.

Un changement en douceur

Jusqu'à la fin de la première année, le lait va rester un élément de base de l'alimentation du bébé, progressivement remplacé par des équivalents lactés (fromage, yaourt, etc.). Cette transition sera d'autant mieux vécue qu'on l'aura pratiquée en douceur, en tenant compte des goûts du bébé.

➲ Le sevrage

Si vous êtes dans le cas des mamans qui allaitent et doivent sevrer leur bébé pour reprendre leur travail, sachez qu'il est préférable de ne pas attendre le dernier jour pour amorcer la transition vers le biberon. Votre bébé risque, au début, de ne pas vraiment apprécier le changement. Aussi devrez-vous vous y prendre en douceur et progressivement.

Rendre le sevrage plus facile

• Dès la naissance, habituez votre bébé à boire au biberon. Donnez-lui de temps à autre de l'eau ainsi que du jus d'orange au biberon.

• Familiarisez-le avec le goût du lait artificiel. Pourquoi pas lors de la tétée de nuit, que le papa peut ainsi donner pendant que la maman en profite pour faire une grande nuit ?

• Donnez-vous environ deux semaines pour remplacer la totalité des tétées par des biberons. Commencez par le repas de la nuit, puis par le goûter, etc.

• Si votre bébé a plus de trois mois lorsque vous reprenez votre travail, vous pouvez coupler le sevrage avec les débuts de la diversification et donner le goûter à la petite cuiller.

Certains bébés apprécieront très vite ces biberons d'où le lait coule si facilement. Pour d'autres, il faudra prendre des précautions. Ne plus allaiter son bébé peut être vécu comme une séparation douloureuse par les deux protagonistes...

Un sevrage progressif est toujours préférable à une brusque rupture, pour vous comme pour l'enfant. Mais nombreuses sont les mères qui continuent, même après avoir repris leur travail, à allaiter leur bébé deux fois par jour, le matin et le soir, alors même qu'il mange comme les autres bébés à la crèche.

Il se peut également que, la fatigue aidant, vous n'ayez plus assez de lait pour satisfaire l'appétit grandissant de votre bébé. Si vous compensez les tétées par des biberons de complément, il y a de fortes chances pour que votre production de lait diminue encore. D'une part parce que les montées de lait diminuent en même temps que les exigences du bébé. D'autre part parce que celui-ci, une fois qu'il aura pris goût à la facilité du biberon, ne « tirera » plus assez de lait pour assurer la production. Progressivement, sur une semaine, votre bébé n'aura plus que des biberons et s'en trouvera très bien. Ne vous culpabilisez pas, au cas où votre rêve aurait été d'allaiter encore plusieurs mois : vous lui avez donné le meilleur départ possible.

⊙ Une autre alimentation

Pendant les premiers mois de sa vie, votre bébé n'a besoin que de lait. Mais son estomac ne peut en contenir qu'une certaine quantité à chaque repas. Vient un moment où, bien qu'ayant bu tout son biberon, il a encore faim ou n'a pas absorbé assez de calories pour tenir jusqu'au repas suivant. Vous le sentirez s'il semble insatisfait après les repas. Ou bien si, alors qu'il était réglé sur quatre repas, il se met à réclamer bien avant l'heure du repas suivant. D'autres encore réclament à nouveau un biberon la nuit alors qu'ils avaient appris à s'en passer. C'est sans doute le moment de diversifier l'alimentation. Ce changement se fait aujourd'hui de plus en plus tardivement pour prévenir les allergies mais il est possible de débuter la diversification alimentaire entre quatre et six mois, sans diminuer pour autant les rations de lait, car les besoins du bébé restent importants. On compte :

- à quatre mois, environ 210 ml, quatre fois par jour ;

- à six mois, environ 240 ml, trois fois par jour.

Changer en douceur

La règle d'or est de n'introduire qu'un aliment nouveau à la fois, avec un intervalle de quelques jours avant d'en proposer un autre, afin que votre bébé ait le temps de s'y habituer et que vous puissiez vous assurer qu'il ne développe aucune allergie. Évitez dans tous les cas de le forcer à manger ce qu'il ne veut pas. Il lui arrive de ne pas avoir faim ou de ne pas aimer. Transformer le repas en rapport de force serait sans aucun

Attention !

Quand il y a des risques d'allergies alimentaires, les médecins conseillent d'attendre les six mois du bébé pour commencer la diversification et d'éviter les aliments industriels avant un an.

bénéfice, voire dangereux, pour la suite de son éducation alimentaire.

Tous les bébés étant différents, vous allez devoir adapter le moment de la diversification et la façon de procéder aux goûts du vôtre. Il saura clairement vous faire comprendre ce qu'il aime et ce dont il ne veut à aucun prix. L'essentiel, dans les repas, est toujours le plaisir de partager un moment privilégié.

Les céréales infantiles

La règle diététique actuelle (elle a varié) veut que l'on attende trois mois environ avant d'ajouter des céréales infantiles dans le biberon et quatre à cinq mois avant de diversifier l'alimentation d'un bébé. En effet, jusqu'à cet âge, le lait suffit à couvrir les besoins du bébé. Et il est toujours possible d'augmenter légèrement la quantité proposée si votre bébé semble avoir très faim.

Pourtant, autour de trois mois, certains bébés sont réveillés par la faim ou se mettent à réclamer un biberon supplémentaire. D'autres ont tendance à régurgiter et tirent bénéfice d'un lait un peu épaissi. Enfin, les céréales pour bébés sont une bonne transition vers la diversification alimentaire. Elles apport des calories supplémentaires et des éléments nutritifs que l'on ne trouve pas dans le lait et elles sont pour la plupart sans gluten (farines de riz, maïs, blé, orge...) pour éviter les allergies alimentaires.

Les céréales sont un peu passées de mode. Grâce à cela, on voit moins de bébés bouffis. Les calories apportées par ces aliments sont en grande partie stockées sous forme de graisses : en donner trop peut faire grossir un bébé de façon exagérée. Mais données en quantité raisonnable (celle du pédiatre plutôt que celle mentionnée sur la boîte), les céréales pour bébés peuvent rendre de grands services et contribuer à l'équilibre nutritif de votre enfant.

Choisir la bonne farine

Pour les premières bouillies, la farine que vous choisirez doit être :

- « premier âge », c'est-à-dire destinée aux enfants de trois à six mois ;

- « sans gluten » (cela est spécifié sur l'emballage) car celui-ci n'est pas toléré par le bébé de cet âge ;

- « instantanée », car elle est plus facilement assimilable ;

- simple, comme une farine composée d'une association de plusieurs céréales ;

- ni sucrée, ni salée.

Laissez de côté pour l'instant les farines aux légumes, aux fruits ou au cacao, qui ne sont pas adaptées à l'enfant très jeune. Quand votre bébé aura huit ou neuf mois, vous pourrez lui donner la farine de votre choix et varier ses plaisirs. Enfin, n'ajoutez ni sucre, ni sel, ni miel à la bouillie de votre bébé. Même si vous la trouvez décidément très fade !

La vitamine D

Appelée aussi vitamine antirachitisme, la vitamine D est indispensable à l'organisme du nourrisson. Elle l'aide à faire face à la croissance rapide qui est la sienne pendant les premiers mois et les premières années de sa vie.

Le corps humain a la faculté de fabriquer seul cette vitamine, à condition de s'exposer au soleil. Or, c'est rarement le cas des nouveau-nés, d'abord parce que les bains de soleil leur sont déconseillés, ensuite parce qu'ils ne vivent pas tous en Provence ! De toute façon, il est nécessaire de compléter leur alimentation avec un apport en vitamine D, été comme hiver.

Or, cette vitamine dont le bébé a besoin est la seule qui ne se trouve pas dans les aliments lactés diététiques (laits pour bébés). C'est la raison pour laquelle vous allez devoir en donner à votre bébé, dès le premier mois qui suit sa naissance, et pendant deux ou trois ans.

La vitamine D peut s'administrer de deux façons différentes : soit quotidiennement, sous forme de gouttes que l'on ajoute au jus de fruits du bébé ; soit sous forme d'une ampoule que l'on donne au bébé une fois par trimestre, selon les indications de votre médecin.

La préparation

Si les farines « à cuire » demandent une petite préparation, les farines instantanées, comme leur nom l'indique, sont prêtes à l'emploi et se dissolvent rapidement, en agitant, dans le biberon de lait chaud ou tiède. Le lait à utiliser est le même que celui que vous donnez habituellement à l'enfant, dilué dans les mêmes proportions. Les farines dites « lactées » se préparent à l'eau. Ajoutées à du lait, elles formeraient une préparation trop concentrée pour le bébé. Ne les utilisez que sur le conseil de votre médecin.

Quelle quantité donner?

Une cuillerée à café dans le biberon du soir est suffisante pour commencer et aider votre bébé à passer une nuit plus longue. Elle devrait le « caler » davantage que le lait et lui permettre de dormir plus longtemps. Certains bébés peuvent recevoir une quantité plus importante de farine, mais cela est à décider en accord avec votre pédiatre.

● La diversification alimentaire

Vous pouvez commencer par une petite quantité de purée de fruits (pomme, banane, poire, abricot, pêche) donnée par exemple dans le biberon de l'après-midi. Préparez des compotes sans sucre ou utilisez des fruits frais bien mûrs que vous pouvez mixer. Si vous utilisez des petits pots pour bébés du commerce, vérifiez bien leur composition pour vous assurer qu'ils ne contiennent que des fruits (certains contiennent du sucre et des exhausteurs de goût).

Le biberon de soupe

Il apporte les vitamines, les sels minéraux et la cellulose dont le bébé a besoin sur le plan nutritionnel. Il permet en outre d'augmenter la quantité de nourriture donnée au bébé sans excès de sucre ou de farine, donc sans trop augmenter sa ration calorique.

Par ailleurs, les légumes régularisent le transit intestinal et agissent sur les légers troubles digestifs. Bébé est constipé? Forcez sur les légumes verts. Il a la diarrhée? Misez sur les carottes.

Les légumes

Depuis quelques années, les pédiatres recommandent de commencer la diversification alimentaire vers cinq ou six mois (on a longtemps commencé plus tôt, dès quatre mois). Cette préconisation participe, semble-t-il, à la prévention des allergies. Parlez-en avec le médecin qui suit votre enfant. Et quels que soient votre choix et la date à laquelle vous commencez à introduire les légumes, la progressivité est la règle.

Grâce à leur grande variété et à leur intérêt diététique (sels minéraux, vitamines, cellulose, etc.), les légumes sont à la base de la diversification alimentaire. Leur qualité nutritionnelle dépend surtout de leur fraîcheur.

Vous commencerez par une très petite quantité, que vous augmenterez peu à peu pour arriver au bout d'un ou deux mois à un vrai biberon de soupe.

Pour procéder en douceur, vous pouvez aussi, pendant une semaine, préparer le biberon du midi avec du bouillon de légumes plutôt qu'avec de l'eau. Votre bébé aura ainsi déjà le goût des légumes sans avoir encore le changement de consistance.

Si vous utilisez des petits pots pour bébés ou des préparations surgelées, vérifiez qu'ils ne contiennent que des légumes (attention, car certains petits pots sont épaissis avec de la farine de maïs).

Quels légumes choisir ?

À cinq mois environ, on commence par les légumes verts comme les haricots et les courgettes. On ajoute un peu de carottes pour leur goût sucré. Vers six ou sept mois, on peut introduire la pomme de terre, pour l'onctuosité, ainsi que les épinards et les courgettes.

Vers huit ou neuf mois, il est intéressant de ne plus mélanger les légumes en purée, mais de faire goûter au bébé des saveurs séparées : purées de carottes et de brocolis sont côte à côte. Dans les soupes, on peut ajouter semoule, vermicelles et petites pâtes.

Il sera bientôt temps de varier le goût de la soupe et d'initier l'enfant à de nouvelles saveurs. La plupart des bébés aiment les biberons de soupe. Profitez-en pour donner au vôtre le goût des légumes verts que tant d'enfants refusent plus tard pour n'y avoir pas été habitués.

La préparation des légumes

- Utilisez les légumes du marché les plus frais possible. Épluchez-les et coupez-les en petits morceaux. Faites-les cuire dans de l'eau du robinet (elle va bouillir longuement) : comptez 20 minutes en autocuiseur sous pression, 1 heure environ en casserole (cuisson normale).

- Ne salez pas l'eau de cuisson. Le mieux est de cuire une petite quantité de légumes dans un peu d'eau ou bien à la vapeur, puis, lorsqu'ils sont moelleux, de les réduire en purée ou de les mixer. Un jeune bébé préfère généralement les purées très lisses. Mais l'habituer rapidement à la consistance grumeleuse peut être un atout pour la suite.

Quelle quantité donner ?

Les premières étapes doivent être franchies en douceur : 10 à 20 g de purée mixée mélangée au biberon suffisent. Puis on augmente de 20 à 30 g par semaine (si bébé est d'accord, bien sûr). Progressivement la purée devient plus épaisse et se donne à la cuiller.

À quel moment ?

À midi ou le soir, comme cela vous arrange. Il est déconseillé de donner à un petit bébé une soupe ou un bouillon cuits depuis plus de vingt-quatre heures. Mais vous pouvez préparer de la soupe

Petits pots et surgelés

Ils peuvent vous dépanner les jours où vous n'avez pas eu le temps de cuire des légumes. Les petits pots représentent un gain de temps important et permettent de varier facilement les menus du bébé. Par contre, ils ont pour inconvénients de ne pas restituer le même goût ni les mêmes textures que les préparations maison et d'être souvent riches en sucres et en graisses. Ils sont pratiques mais ne doivent pas représenter l'alimentation exclusive du bébé. Vérifiez également attentivement leur composition pour vous assurer qu'ils ne contiennent pas d'additifs alimentaires.

Si vous achetez des surgelés, les galets de purée sont pratiques car vous pouvez n'utiliser que la quantité dont vous avez besoin. Choisissez toujours des produits sans additifs (même pas de sel). Pour ne pas rompre la chaîne du froid, transportez les produits dans un sac isotherme et ne recongelez jamais un produit qui a été décongelé.

pour plusieurs jours et la congeler en petites quantités. Pour la congélation, pensez aux emballages (parfaitement lavés) de petits-suisses ou de flans. Pensez aussi aux bacs à glaçons et aux gobelets en plastique.

En cas de refus

Si votre bébé refuse le biberon de lait préparé avec du bouillon de légumes, revenez au biberon de lait pur. Vous ferez une nouvelle tentative une semaine plus tard. S'il refuse l'introduction de légumes mixés dans le biberon, demandez-vous d'abord si vous n'en

avez pas mis trop pour commencer (une ou deux cuillerées à café suffisent) ? Ou peut-être avez-vous choisi des légumes au goût trop fort ? Vérifiez aussi que vous avez bien agrandi la tétine du biberon pour que la soupe coule sans trop d'efforts de la part du bébé. Quoi qu'il en soit, attendez quelques jours avant d'en proposer de nouveau. La diversification alimentaire doit se faire avec douceur. Entre-temps, continuez à donner le biberon au bouillon de légumes. En cas de refus, les légumes peuvent sans problème être introduits plus tard.

Viande, poisson et œufs

Vers huit mois, lorsque votre bébé prendra bien sa purée de légumes à la cuiller, vous pourrez commencer à introduire dans son alimentation la viande et le poisson.

Commencez par une cuillerée à café de jambon ou de poisson maigre hachés, puis vous augmenterez les quantités progressivement, selon son appétit et ses réactions. Vous pourrez varier le repas avec un demi-jaune d'œuf, puis un entier. Pour donner l'œuf entier, vous attendrez que l'enfant ait dix mois environ. Dans tous les cas, l'essentiel est d'être sûre de la fraîcheur des aliments que vous allez donner à votre bébé.

Donner de la viande ou du poisson au déjeuner est suffisant pour la journée. Le soir, le bébé retrouvera une soupe de légumes, donnée à la cuiller ou au biberon selon l'âge et le goût du bébé.

Les fruits

Avant sept mois, il est préférable de ne donner que des fruits cuits et mixés, mais sans sucre. Ensuite, les compotes peuvent laisser une place aux fruits frais. Bien mûrs, pelés et écrasés à la fourchette (ou râpés, ou mixés grossièrement selon les fruits), ils seront un délice pour les enfants et une bonne source de vitamines. Mais ne rajoutez pas de sucre dans vos compotes : ceux que contiennent les fruits sont bien suffisants.

Vers neuf mois, l'enfant peut goûter tous les fruits et profiter de ceux de la saison : framboises, cerises dénoyautées, prunes, mangues, quartiers de mandarine ou d'orange pelés, etc.

Les boissons

Dès la naissance, l'eau est indispensable au bébé. Le lait en contient mais, par forte chaleur, cet apport peut être insuffisant. Dans ce cas, il faut en proposer au biberon dans la journée. De même si votre bébé souffre de diarrhées ou de vomissements. Mais il est de toute façon important, dès l'âge de quatre mois, de l'habituer à boire autre chose que du lait, et tout particulièrement un peu d'eau chaque jour.

• Pure et peu minéralisée, l'eau que vous utilisez pour les biberons convient bien. Votre médecin vous dira quand vous pourrez commencer à donner à votre bébé de l'eau du robinet. C'est le plus souvent vers cinq mois, mais cela dépend de la qualité de l'eau de votre région.

• Les tisanes aux herbes et aux fruits sont désaltérantes, calmantes, digestives.

• Les jus de fruits, maison ou « pur jus », ne doivent pas être donnés en trop grande quantité, car ils sont très nourrissants.

❯ Manger à la cuiller

Vers six mois, ou avant si vous sentez que votre bébé est prêt, vous pouvez lui proposer de manger à la cuiller. Il va sans doute commencer par en téter le bord avant de comprendre qu'elle peut rentrer dans sa bouche. Cette découverte se fera en douceur et sans forcer. Si votre bébé est un gourmand, il risque d'être surpris par ce mode de dégustation qui ne va peut-être pas assez vite à son goût… Enfin, sachez qu'il peut refuser du jour au lendemain de manger à la cuiller, soit par fatigue, soit pour d'autres raisons. Ne le contraignez pas s'il a envie de retrouver la douceur du biberon…

• Commencez le repas par la purée ou la compote à la cuiller, quand le bébé a bien faim : cela l'encouragera dans ses efforts.

• Utilisez au début une toute petite cuiller, du genre cuiller à moka.

• Le contact du métal dans la bouche est nouveau et pas très agréable : commencez avec une petite cuiller en plastique.

- Certains bébés adorent le biberon. Inutile de les en priver, en plus de la cuiller, tant qu'ils le désireront.

- Donnez-lui très tôt l'habitude de boire son jus de fruits dans une petite cuiller.

❯ Le régime antidiarrhée

La diarrhée est une affection fréquente chez les bébés. Banale, elle peut être due à un refroidissement, à une mauvaise digestion ou à une poussée dentaire. Plus sérieuse, elle peut être le signe d'une gastro-entérite, par exemple.

Si les selles sont liquides, que la diarrhée est durable et qu'elle s'accompagne de fièvre ou de vomissements, si le bébé semble apathique et perd du poids, il faut vite consulter. Le médecin vous donnera un traitement adapté et vous fera mettre votre bébé au régime antidiarrhée.

De toute façon, dès que vous constatez que les selles de votre bébé deviennent liquides (ou très molles), n'hésitez pas à intervenir.

Supprimez immédiatement...

- le lait ;

- les laitages ;

- les fruits et les légumes crus, les jus de fruits.

Remplacez-les par...

- de la soupe de carottes, préparée avec des carottes pelées et cuites dans de l'eau, puis mixées. Délayez la purée obtenue avec de l'eau minérale. Si vous manquez de temps, procédez plus simplement en délayant dans un peu d'eau minérale un petit pot de purée de carottes. Ce biberon pourra être légèrement sucré si votre bébé le préfère ainsi.

- de la farine de riz ou de l'eau de cuisson de riz (non prétraité ou précuit). Vous pouvez utiliser cette eau de riz pour préparer les biberons.

- une banane pochée et mixée ou bien de la compote pommes-coings (il existe des petits pots en vente dans le commerce). Pour préparer la banane, commencez par choisir un fruit bien mûr que vous plongez quelques minutes avec la peau dans de l'eau bouillante. Enlevez ensuite la peau, mixez la pulpe et délayez-la avec de l'eau minérale.

Après le régime antidiarrhée

La diarrhée entraîne une déshydratation : avant même la consultation, donnez très souvent à boire à votre bébé (de l'eau sucrée avec 1 sucre pour 100 g, soit 1 dl d'eau). La réintroduction du lait et des laitages doit se faire de façon progressive, sur plusieurs jours, par exemple en ajoutant une, puis plusieurs mesures de lait en poudre dans une purée de carottes légère.

Ses repas au fil des mois

Voici des exemples de repas jusqu'à un an. Vous devez moduler les menus selon le poids de votre bébé, le nombre de ses repas, son appétit... et les conseils de votre pédiatre.

Les premiers mois

Chaque enfant ayant son rythme propre, c'est finalement votre bébé qui doit vous indiquer le nombre de repas dont il a besoin. Il se régulera progressivement lui-même. Mais si vous voulez savoir combien le bébé doit prendre de repas chaque jour et quand diminuer le nombre de biberons, reportez-vous à la règle suivante :

- quand le poids du bébé atteint 4 kg, il prend 5 repas ;
- quand le poids du bébé atteint 5 kg, il prend 4 repas.

À neuf semaines, la majorité des bébés se réveille encore vers cinq ou six heures du matin avec une vraie faim. Cela impose de donner le premier biberon à cette heure-là, donc de rester à cinq repas par jour. Sinon, les écarts entre les biberons seraient trop importants pour que le bébé puisse attendre.

Quand votre bébé se réveillera plus tard le matin, vers sept ou huit heures, il sera temps de passer à quatre repas, espacés de quatre heures environ. D'autres bébés se réveillent encore la nuit pour réclamer à manger : il est normal de leur donner un biberon de nuit tant qu'ils en ont besoin.

À partir du 5e mois

Les bébés prennent en général cinq repas de 160 g ou quatre repas de 200 g.

- Matin : biberon préparé avec 180 g d'eau + 6 mesures de lait maternisé.
- Midi : biberon de lait préparé avec du bouillon, puis soupe de légumes quand il est habitué.
- Goûter : biberon de lait avec compote de fruits cuits.
- Dîner : biberon de lait avec, si nécessaire, farine (1 à 2 cuillerées à café).

À 7-8 mois

Une fois que votre bébé est bien habitué à sa soupe de légumes du déjeuner, et peut-être aussi du dîner, vous allez pouvoir diversifier davantage son alimentation. L'essentiel est toujours de vous y prendre progressivement, afin de n'introduire dans la nourriture qu'un aliment nouveau à la fois. Ce mois-ci, vous allez faire goûter à votre bébé le jaune d'œuf (un demi), la viande et le poisson (hachés finement, la valeur d'une cuillerée à soupe). Vous pouvez varier viandes et poissons, mais choisissez de préférence les chairs maigres. Pour les desserts et le goûter, vous allez également proposer des nouveautés à votre bébé : petit-suisse, yaourt nature, fruit poché et écrasé, compote.

Voici un exemple de régime pour un bébé de sept-huit mois (à moduler selon votre enfant, son poids et les conseils de votre pédiatre).

• Matin : bouillie faite avec un biberon de lait (210 g d'eau + 7 mesures de lait deuxième âge) et deux à trois cuillerées à soupe de farine.

• Midi : 1/2 pomme de terre + une cuillerée à soupe de haricots verts, le tout mixé et délayé avec un peu de lait + 30 g de poisson, viande maigre, jambon blanc ou jaune d'œuf dur (hachés). Pour le dessert, yaourt, petit-suisse, fromage blanc.

• Goûter : compote de fruits, avec un biscuit. Biberon de lait (180 à 200 g).

• Dîner : biberon de soupe de légumes délayée avec du lait (environ 150 g de lait et 50 g de purée de légumes mixée).

Il reste encore des interdits

Ce que vous ne devez pas donner à votre enfant : les fritures, les viandes et poissons fumés, les fruits de mer, les fruits secs ou les fruits à pépins (ou alors ôtez-les) et, d'une manière générale, les aliments trop épicés, trop gras ou trop sucrés. Enfin, ne le nourrissez pas exclusivement de petits pots (ils contiennent trop de féculents et pas assez de viande ou de poisson).

➲ À 9-10 mois

À cet âge, il est intéressant de ne plus mélanger les légumes en purée, mais de faire goûter au bébé des saveurs séparées : purées de carottes et de brocolis sont côte à côte. Dans les soupes, on peut ajouter de la semoule, des vermicelles ou des petites pâtes.

Vers neuf-dix mois, l'enfant peut désormais goûter tous les fruits et profiter de ceux de la saison : framboises, cerises dénoyautées, grains de raisin (au début, vous ôterez la peau et les pépins), prunes, mangues, quartiers de mandarine ou d'orange pelés, etc.

Voici des exemples de menus qui peuvent composer les repas d'un enfant de neuf mois environ.

• Matin : un grand biberon de lait deuxième âge + farine (il en existe de nombreuses variétés) ou biscuits. Ou bien une bouillie épaisse à la cuiller (selon ce que l'enfant préfère).

• Déjeuner : purée de légumes avec une noisette de beurre. En très petits morceaux, 30 g de viande, poisson ou jambon. Début de l'œuf à la coque et des crudités. Pour le dessert, fruit cuit, compote ou laitage.

La prise de poids

La prise de poids n'a pas de sens d'un jour sur l'autre car elle dépend de l'heure de la pesée, de l'appétit de votre enfant, etc. En revanche, elle doit s'établir de façon régulière d'une semaine à l'autre, puis d'un mois à l'autre.

La prise de poids moyenne d'un bébé au cours de sa première année est impressionnante : en douze mois, il aura généralement triplé son poids de naissance !

Prise moyenne par mois

0 à 3 mois : 900 grammes
3 à 6 mois : 750 grammes
6 à 9 mois : 600 grammes
9 à 12 mois : 450 grammes

- Goûter : biberon de lait (200 g) avec biscuit, ou laitage, ou fruit avec biscuit.

- Dîner : soupe de légumes dans le biberon de lait + compote ou fruit frais écrasé. Ou purée de légumes + laitage.

➲ À 10-12 mois

Désormais, votre bébé ne mange plus ses aliments broyés et mélangés dans de grandes soupes de légumes. Autres changements :

- les quantités augmentent progressivement, selon l'appétit de l'enfant ;

- le bébé mange couramment des crudités, des pâtes, du riz, etc. ;

- il mange un œuf entier et, d'une façon générale, élargit son régime à la totalité de la cuisine familiale. Il « goûte » à tout (cervelle, foie, flan, etc.).

Ses menus évoluent peu jusqu'à l'âge d'un an. Vous allez maintenant devoir tenir compte de ses goûts et introduire progressivement de nouveaux aliments. Au fil des mois, il boira moins de biberons et mangera davantage avec les doigts ou à la cuiller.

Vers la fin de la première année, vous pourrez remplacer le lait maternisé en poudre par du lait UHT demi-écrémé ; pour que votre bébé s'y habitue, vous étalerez ce changement alimentaire sur quelques jours en mélangeant le lait de vache avec un peu de lait maternisé.

Le biberon du matin contiendra environ 240 g de lait, avec de la farine. Il n'est plus nécessaire de stériliser les biberons, pourvu qu'ils soient soigneusement lavés à l'eau très chaude.

Le repas au quotidien

Pour le nourrisson, manger est une source de sensations de plénitude très agréables. C'est aussi un moment précieux de tendre échange. Mais si on l'oblige à absorber la quantité que l'on a jugée correcte pour lui, il perd le contact avec ses propres besoins et parfois tout plaisir à s'alimenter.

◗ Petits et gros mangeurs

On ne peut en aucun cas obliger un bébé à manger. Tant pis s'il ne finit pas son biberon. C'est lorsque le bébé commence à associer soupe et anxiété maternelle que les difficultés alimentaires risquent de s'installer. Par ailleurs, les aliments seront bien assimilés si le repas est un moment privilégié de complicité. Alors ne soyez surtout pas inquiète ou rigide : l'équilibre alimentaire de votre enfant découlera de son équilibre psychologique et de sa joie de vivre.

Certains bébés, dès la naissance, ont un petit appétit. Ils boudent souvent les fins de biberons ou se détournent des purées amoureusement préparées. Les mamans s'inquiètent et ne savent comment réagir. Le bébé a-t-il eu assez ? Est-il malade ? D'autres ne sont jamais satisfaits par la quantité qui leur est donnée. Ils ont toujours faim avant l'heure et se jettent sur leur repas avec voracité. Jusqu'où faut-il augmenter les quantités ?

Soyez souple

Toute mère a vite fait de s'inquiéter des particularités alimentaires de son bébé et se demande chaque jour s'il a pris assez. La réponse est oui. Vous pouvez faire confiance à votre bébé : il sait ce dont il a besoin. Un bébé qui a faim mange. S'il ne veut plus de son biberon ou de sa purée, c'est qu'il n'en a plus besoin. Si son apport alimentaire n'est pas équilibré sur la journée, il l'est certainement sur la semaine ; alors inutile de s'inquiéter. Surtout si sa courbe de taille et de poids évolue normalement.

Si votre enfant réclame davantage, il est peut-être en période de forte croissance. C'est à votre pédiatre de décider avec vous des quantités à lui donner. Veillez surtout à ne pas augmenter exagérément les quantités de farine et de sucre, à cause des risques d'obésité. Sinon, il est nécessaire qu'il mange à sa faim. Comme nous, le bébé a un appétit qui peut varier d'un jour à l'autre. À nous de nous y adapter.

◗ Le repas

L'essentiel est que l'ambiance soit détendue pour que le repas ne se transforme jamais en rapport de force. Il ne faut en aucun cas obliger un bébé à manger. Tant pis s'il ne finit pas son biberon ou s'il se trémousse sur sa chaise haute pour quitter la table. Quand il aura faim, il mangera.

Si votre enfant est particulièrement éveillé et actif, il se peut que ses repas commencent à devenir difficiles. Curieux de tout, il devient vite capable d'attraper ce qui passe à sa portée ou

Pour éviter la guerre pendant les repas

• Ne perdez pas de vue qu'un repas est un moment de gaieté, de découvertes et de retrouvailles. Soyez détendue et refusez de vous mettre en colère pendant ce temps-là.

• Ne nourrissez pas votre enfant devant la télévision.

• Tenez compte des goûts alimentaires de votre bébé, ce qui n'empêche pas de lui faire essayer de nouvelles saveurs lorsque l'occasion se présente.

• Ne forcez jamais votre enfant à finir son assiette. Mieux vaut lui servir une petite quantité, à renouveler au besoin, qu'une grosse qui le découragerait s'il a peu faim.

• Ne lui donnez pas à manger entre les repas «pour compenser».

• Ne soyez pas obnubilée par sa courbe de poids.

• Faites confiance à l'organisme de votre enfant. Il est capable de gérer seul ses besoins alimentaires. Si vous respectez cela, vous n'aurez probablement aucun problème.

• Rappelez-vous enfin que, dans ce type de conflit, vous ne devez pas «gagner» à tout prix. C'est l'autonomie de votre enfant qui est en jeu.

de jeter ce qui pourrait produire un résultat intéressant. Distrait par ce qui peut se passer dans la cuisine, il s'agite sur sa chaise haute et en oublie de manger. Vous essayez souvent en vain de le convaincre de rester assis tranquillement et de manger ce qui est devant lui. Ne vous inquiétez pas : ses refus de manger, si vous n'en faites pas une histoire, ne dureront pas. Pour lui, la vie est trop passionnante et il a trop de choses à faire pour perdre du temps assis à table. Cela s'apaisera et l'appétit reviendra !

Une solution consiste à le faire manger seul avec vous à la cuisine, au calme, sans trop de distractions. Bien sûr, ne le forcez pas à finir et ne vous mettez pas en colère face à sa façon de se tenir. Vous pouvez aussi essayer de lui confier un ou deux jouets en plastique avec lesquels il s'occupera en même

temps qu'il mangera. Pourquoi ne pas lui offrir aussi la possibilité de partager parfois le repas familial ? Manger à table avec tous est un grand plaisir pour l'enfant, autant que l'occasion pour lui d'expérimenter de nouvelles odeurs et de nouvelles saveurs. C'est ainsi que commence l'éducation du goût !

Il ne veut rien manger

Il arrive fréquemment qu'un enfant refuse son repas ou n'en accepte que quelques petites cuillerées. La mère, qui a préparé avec soin et attention ce petit repas, admet mal que l'enfant n'en veuille pas. Si ce manque d'appétit dure plusieurs jours, elle va s'inquiéter pour sa santé et craindre qu'il ne dépérisse. Le médecin, après avoir vérifié que la croissance de l'enfant est normale, va essayer de dédramatiser la situation, mais souvent sans effet. La mère va alors tenter toutes les ruses possibles pour faire manger l'enfant : insister, choisir les plats qu'il aime, lui chanter des comptines, lui raconter une histoire, ou le placer devant la télévision pendant qu'il engloutit passivement. En vain. Souvent le résultat obtenu est contraire au résultat visé : les repas deviennent de plus en plus longs et pénibles.

Donc, si votre enfant ne veut pas manger, ne faites rien. Ou presque… Si vous retirez simplement son assiette au bout d'un temps raisonnable (10-15 minutes) pour passer au dessert, il y a des chances pour qu'il se rattrape au repas suivant. Il n'y a pas lieu de s'inquiéter.

En revanche, si vous montrez votre anxiété et si vous transformez le repas en rapport de force, vous prenez le risque de figer le comportement de l'enfant. Chaque repas sera désormais un temps d'opposition entre votre volonté et celle de votre bébé. Plus vous le forcerez, plus il s'entêtera dans son refus. Ce qui ne l'empêchera pas de manger tout à fait normalement avec son père ou avec sa nourrice.

◯ Vers l'autonomie

Les repas sont pour lui une occasion exceptionnelle de découverte : quelle joie de plonger les doigts dans la purée ou d'attraper seul son biberon ! Bien sûr, le résultat n'est pas toujours heureux. Mais il serait dommage de ne pas profiter du temps des repas pour le laisser s'exercer à attraper, porter à sa bouche et manipuler. Vous pensez bien que, pour lui, ce qu'il y a de plus intéressant à manipuler et à porter à la bouche, c'est la nourriture.

Simplifiez-vous la vie

Dès qu'il sera en âge de le faire, confiez à votre bébé une timbale à couvercle avec bec perforé afin qu'il puisse boire seul. En plastique, donc incassable, munie d'anses, à fond alourdi, donc difficile à renverser, elle est l'objet qu'il faut pour aider votre bébé à faire la transition entre la tétine et le verre. Confiez-lui cette timbale vide, dans un premier temps, afin qu'il fasse connaissance avec l'objet : il va la retourner, la secouer, la jeter par terre, etc. Puis remplissez-la d'une boisson qu'il aime particulièrement et montrez-lui comment s'en servir. Il apprendra vite et gagnera chaque jour en habileté.

Un autre objet va vous simplifier la vie lors des repas que votre bébé va prendre à la cuiller : il s'agit du bavoir en plastique rigide qui se fixe autour du cou de l'enfant sans lien, donc rapidement et sans danger. Le bas du bavoir étant moulé en creux, il recueille la nourriture que l'enfant laisse tomber. Il est donc non seulement sûr, mais très pratique. Après le repas, un simple coup d'éponge suffit à le nettoyer. Ne vous privez donc pas de cet objet fonctionnel…

Il mange avec les doigts

Vient un moment où votre bébé veut manger tout seul et vous le fait savoir en vous prenant la cuiller ou le biberon des mains. Cette étape est importante pour lui. Prendre soin de son propre corps, donc devenir autonome, cela commence par savoir se nourrir. Bien sûr, le laisser faire entraînera beaucoup de saletés dans la cuisine. Mais ce petit inconvénient se gère facilement avec un peu d'organisation et compte pour peu en comparaison des avantages que l'enfant en retirera.

Le bébé veut manger seul, mais il est encore très maladroit avec la cuiller. Et il aime manipuler. Alors il mange avec ses doigts. Il est à l'âge où il attrape pour porter à la bouche : c'est donc ce qu'il va faire avec les aliments.

Pourquoi, à côté de la purée traditionnelle, ne pas concevoir une partie du repas qui peut être prise avec les doigts ? Cette période n'a qu'un temps. Vous montrer flexible maintenant vous préservera de bien des occasions de conflits. Et votre enfant va acquérir assez vite une habileté qui lui permettra de se servir correctement de la cuiller.

Certains aliments coupés en petits morceaux réjouiront l'appétit de votre enfant et développeront sa capacité à les attraper délicatement avec les doigts. Beaucoup de fruits et légumes, cuits ou crus, peuvent ainsi être coupés en morceaux faciles à attraper et à avaler : cubes de pomme de terre, petits bouquets de chou-fleur ou de brocoli, petits pois, pointes d'asperge, carottes râpées, pastèque en minicubes, melon, avocat, concombre, maïs, ananas, tranches d'orange pelées, etc. N'oubliez pas non plus les miettes de poissons, l'œuf dur, les fromages mous, les mini-tartines, les flocons de céréales, les coquillettes, etc.

De fréquents conflits

Votre enfant veut attraper la cuiller et le biberon, manger seul, avec ses doigts, le tout très salement. De votre côté, vous voulez le faire manger pour être sûre de ce qu'il a avalé, pour que cela aille plus vite et que ce soit plus propre.

C'est votre enfant qui a raison. Si vous sentez que votre bébé veut manger seul, il est bon de l'y encourager. Si vous refusez, vous risquez de compromettre sa future autonomie. Même s'il mange moins que si vous vous battez pour garder la cuiller en main, ce repas lui est infiniment plus profitable, parce qu'il est en accord avec son développement. Donc éducatif au sens fort.

Pour prendre patience, dites-vous qu'un enfant qui s'exerce beaucoup sera plus vite autonome qu'un autre et plus habile. Essayez de vous convaincre que le résultat est une des premières formes de sa créativité… et soyez prête à passer la serpillière !

❯ Il essaie de manger tout seul

C'est vers sept mois et demi que votre bébé commence à vouloir attraper seul des morceaux de nourriture. Quelques semaines plus tard, il saisit généralement des petits morceaux de nourriture entre le pouce et les deux doigts suivants. Si la nourriture se glisse à l'intérieur de la main, il aura du mal à la récupérer pour la porter dans sa bouche. Il s'essuie généralement la bouche avec sa main pleine de nourriture. Quand il se lasse de ce difficile exercice, il peut lancer par terre le contenu de son assiette! Prenez patience. C'est le seul moyen de développer son plaisir des repas et de le rendre rapidement autonome et correct à table. Même si vous vous sentez réticente, vous devez l'encourager sur la voie de l'autonomie.

Pourquoi le laisser manger seul?

Laisser son enfant manger seul et choisir la quantité de nourriture qu'il souhaite avaler sont les meilleurs moyens d'éviter les conflits alimentaires si fréquents et souvent si difficiles à résoudre une fois installés.

- Si vous laissez passer le moment où votre bébé veut manger tout seul, l'envie risque de disparaître et de ne pas revenir de sitôt. Certaines mères doivent continuer à nourrir leur enfant jusqu'à deux ou trois ans.

- L'enfant a besoin de regarder, manipuler, goûter, sentir les aliments : ses sens sont plus libres et plus fins que les nôtres. Si ce besoin est respecté, le bébé aura plaisir à venir à table, ce qui est un point important pour l'avenir. Il aimera manger, goûter des aliments nouveaux et ne sera probablement pas un enfant « difficile ».

- Il se peut que votre enfant mange davantage, grâce à la dimension du plaisir et du jeu, que si vous tenez la cuiller. Cela vient compenser sa maladresse. En tout cas, il apprend à réguler son appétit.

- L'enfant apprend vite à manger de plus en plus proprement. Vers un an, le plaisir de manipuler la nourriture laissera progressivement la place au désir de « faire comme maman », donc

de manger correctement. L'enfant devient ainsi plus vite autonome et propre à table. Le temps perdu maintenant sera rattrapé plus tard.

Bébé
grandit

Au fur et à mesure que le système nerveux du bébé acquiert de la maturité, il lui permet une meilleure coordination et un contrôle musculaire plus précis. L'enfant apprend à tenir sa tête droite, puis à se tenir assis, à ramper, et enfin à marcher. Il contrôle mieux les mouvements de ses mains : ses gestes gagnent en habileté et en finesse.

Tous les enfants sont différents. Les uns développent certaines aptitudes plus tôt, les autres plus tard, sans que cela ne veuille rien dire concernant ses compétences ultérieures. Au bout de quelques années, tous les enfants se rattrapent, ceux qui ont marché plus tôt et ceux qui ont parlé plus tard, ceux qui ont su ramper tôt comme ceux qui n'ont jamais marché à quatre pattes.

Ce qui change mois par mois

Plus éveillé et plus disponible, votre bébé se montre de plus en plus curieux et adore jaser. À partir du sixième mois, il commence à tenir presque assis et observe ainsi le monde d'un peu plus haut. Les jeux de mains se multiplient, il explore bientôt son univers à quatre pattes, il dort moins... Bref, c'est un petit être bien vivant et toujours en mouvement.

⊙ Des points de repère

Les gains en taille et en poids sont considérables la première année. Dans la mesure où votre bébé est en bonne santé, inutile de garder l'œil vissé sur la toise ou sur la balance. Les courbes du carnet de santé sont faites pour un enfant « moyen » qui n'existe pas. Seul votre médecin est à même d'interpréter celles de votre bébé.

Les différentes étapes du développement sont acquises dans le même ordre pour tous les enfants, mais pas au même moment ni à la même vitesse. Un progrès est souvent suivi d'une période de stabilité. Toutes les nouvelles acquisitions étant sous le contrôle du système nerveux, aucune ne peut être effective avant que le cerveau du bébé ne soit prêt. Vous noterez aussi que le développement va toujours de la tête aux pieds. Le bébé commence par maîtriser la tenue de sa tête, puis de ses bras, du tronc et enfin des jambes.

⊙ À 2 mois

À partir du deuxième mois, les progrès de votre bébé dans le domaine visuel vont aller très vite. Sa vue perçoit mieux les objets, les mouvements, l'espace. Cette nouvelle performance va l'aider à explorer ce qui l'entoure, l'inciter à saisir les objets. Il préfère maintenant regarder les dessins ou les jouets plus complexes, où il y a beaucoup de détails. Vos dialogues les yeux dans les yeux peuvent se prolonger davantage. Fasciné par les lumières, il est capable de suivre aussi les déplacements d'objets. À l'affût de tous les mouvements, il sait bientôt imiter vos expressions, reproduire vos mimiques... Par le regard, c'est une autre relation à son entourage qui se met en place.

Le bébé n'est encore capable que de faire une seule chose à la fois. Quand il tète, il s'y donne entièrement. Dès qu'un objet ou une parole retiennent son attention, il cesse alors de téter.

Les bébés les plus actifs commencent à se tortiller ou à pédaler, mais restent le plus souvent couchés où on les a placés. Peu à peu, le tonus musculaire se relâche. Les mains vont s'ouvrir et le geste volontaire va prendre la place de l'agrippement. Le bébé peut, si on lui place un objet dans la main, apprendre à le retenir, à le serrer, puis à le lâcher, mais c'est très difficile.

Communiquer

Le bébé est très sensible à la stimulation tactile : il aime les caresses, les massages doux. Il reconnaît ses parents et se blottit volontiers contre eux. Son dialogue s'enrichit de sourires et de babillages qui séduisent son entourage. Il apprend très vite à quel sentiment correspondent chez vous telle ou telle intonation, une grosse voix, un froncement de sourcil...

Lorsque vous lui parlez sans qu'il vous voie, votre enfant commence à chercher à localiser l'origine de votre voix et tourne sa tête dans cette direction. Assis dans son transat, il peut suivre des yeux et de la tête vos déplacements dans la pièce.

◉ À 3 mois

Il s'agit d'une étape importante où l'on voit véritablement le bébé sortir de la phase « nouveau-né ». La période des pleurs souvent inexplicables cesse. Le bébé, moins impuissant, commence à donner sens à son corps, qui va progressivement être perçu comme un tout, et à ce qui l'entoure.

La coordination

À cet âge apparaissent nettement les différences individuelles : les progrès dans tel ou tel domaine vont devenir fonction du tempérament de l'enfant. Le bébé très actif « attrapera » plus vite, mais sans maîtrise du geste ni attention particulière à l'objet. Le bébé plus lent et sensitif mettra davantage de temps à franchir la même étape, mais l'intégrera totalement en prêtant grande attention à chaque détail. Au cours du troisième

L'habileté manuelle

• **À la naissance,** les mains du bébé sont fermées. Elles peuvent saisir un objet si celui-ci effleure la paume (réflexe d'agrippement) mais l'enfant ne contrôle pas cette prise et il va lâcher involontairement. Cet agrippement est très tonique.

• **À 2 mois,** les mains du bébé s'ouvrent. Lorsqu'une chose l'attire, il tend encore peu la main dans la direction : c'est plutôt tout son corps qui s'excite globalement.

• **À 3 mois,** le réflexe d'agrippement a disparu. Le bébé peut tenir un hochet mais n'est pas encore capable de l'attraper sans aide.

• **À 4 mois,** il tend clairement la main vers ce qu'il vise, mais la poigne est encore malhabile. On observe un début de coordination des deux mains.

• **À 6 mois,** il vise mieux et peut maintenant attraper volontairement un objet. Il sait porter à la bouche, passer d'une main dans l'autre et heurter pour faire du bruit.

• **À 8 mois,** le pouce s'oppose aux autres doigts, ce qui permet une prise plus précise et des gestes minutieux. La main sert aussi à jeter ou à repousser ce que l'enfant ne veut pas.

• **À 10 mois,** l'index devient prédominant et l'enfant s'en sert pour montrer du doigt. L'habileté manuelle se développe dans toutes les directions : tourner, faire rouler, tirer...

• **À 12 mois,** la manipulation devient plus fine et plus sûre. Le bébé est capable d'imiter des gestes simples et d'empiler deux ou trois cubes.

mois, le bébé franchit une étape sur le plan de la coordination : il apprend peu à peu à faire fonctionner ensemble ses oreilles, ses yeux, tout en bougeant ses mains et sa tête. Ce qui nous semble évident, à nous autres adultes, ne l'est pas pour le bébé : il lui faut plusieurs mois pour être capable de tendre la main ou de tourner la tête vers un objet attirant ou vers un son nouveau.

Les mains – puis les pieds – commencent à prendre une place dominante. L'enfant qui les a découverts va passer de longs moments à les examiner et à les manipuler, comme il le ferait du plus intéressant des jouets. Il porte mains et pieds à la bouche. La bouche est un lieu privilégié : c'est par là qu'il fait connaissance avec les objets. C'est sa bouche qui le renseigne sur la texture, la forme, le goût. Même si l'enfant attrape encore mal, il faut dès maintenant être très vigilant sur les objets que vous laissez à sa portée.

Plus attentif à ce qui l'entoure, il va être sensible au fait que l'on ait déplacé son berceau ou changé les affiches accrochées à côté de son lit. Il commence à s'intéresser aux couleurs vives.

Bébé vous connaît de mieux en mieux

Il est devenu particulièrement sensible à vos expressions. N'oubliez pas que votre bébé a pour souci principal d'être avec vous et d'être aimé de vous. Aussi ne ménagez pas les encouragements chaque fois qu'il tente ou réussit quelque chose de nouveau pour lui. Applaudissez, souriez, montrez votre fierté.

Ces découvertes permanentes et quotidiennes sont passionnantes pour lui, mais aussi parfois un peu inquiétantes et nécessitent que vous soyez là pour rassurer, encourager et aimer.

Son développement physique de 1 à 5 mois

Attention : les âges donnés ne sont que des moyennes.

• **À 1 mois,** le bébé, mis sur le ventre, lève la tête et dégage son nez pour respirer. Ses membres sont encore fléchis, mais il a perdu l'allure typique du nouveau-né.

• **À 2 mois,** le bébé commence à s'étirer. Sur le ventre, il lève la tête, en appui sur les avant-bras, et peut la tenir quelque temps.

• **À 3 mois,** si vous soulevez votre bébé, allongé sur le dos, en le tirant par les mains, il est capable de tenir sa tête dans l'axe du corps. Sur le ventre, il s'allonge bien à plat et se tient longtemps en appui sur les avant-bras.

• **À 4 mois,** quand l'enfant est allongé sur le ventre, l'appui sur les avant-bras, parfois tendus, est encore meilleur. Il peut aussi décoller les deux jambes du sol. Enfin, attention : le bébé est capable, parfois, de rouler du ventre sur le dos et l'inverse.

• **À 5 mois,** le bébé roule sur lui-même. Sa tête est bien stable. Si vous le tenez assis, le haut de son dos et sa tête sont droits. Couché, il lève son torse.

Lorsqu'il est seul, le bébé examine avec attention ce qui l'entoure : il scrute les couleurs, les formes, les contours, les motifs, les mouvements. Le reste du temps, il roucoule et vocalise : il exerce sa voix et semble fasciné par les sons qu'il peut produire !

À 4 mois

Cette période est à proprement parler celle de la socialisation. Le jeu essentiel du bébé consiste à émettre des sons. Pour le plaisir de les entendre, bien sûr, mais surtout pour le plaisir d'appeler sa mère ou son père et pour le plaisir de converser : la dimension sociale et la dimension d'échange du langage se mettent en place.

La dimension sociale

Petit être sociable, le bébé de quatre mois et demi, bien que passionnément attaché à sa mère, noue de bons contacts avec les autres membres de la famille. Ses aînés sont source de fascination et de grandes crises de rire. Son père l'attire et il le recherche activement du regard, de la voix et du geste. Le père qui noue des relations étroites avec son bébé le comble de plaisir et lui fait cadeau psychologiquement d'une ébauche d'autonomie vis-à-vis de sa mère, qui lui sera précieuse. Un bébé à qui l'on ne répondrait jamais, qui ne serait pas sollicité verbalement, finirait par diminuer notablement la quantité de sons émis.

Mais socialisation ne signifie pas uniquement langage verbal. Elle se traduit tout autant par une attitude du bébé qui sait de mieux en mieux communiquer et se faire comprendre. Il répond aux sollicitations et exprime ouvertement son plaisir ou son déplaisir.

En presque quatre mois, le bébé a déjà enregistré pas mal de souvenirs. Les expressions de son visage se modifient maintenant selon qu'il aperçoit votre visage ou son biberon, qu'il entend sa boîte à musique ou l'eau du bain couler.

Le développement moteur

Le bébé a développé à la fois une meilleure musculature et un début de coordination motrice : il sait attraper et garder un petit moment. Allongé sur le ventre, il peut garder les jambes étendues et se soulève sur les avant-bras. Il sait même arquer son dos et ses jambes afin de se balancer d'avant en arrière. Il parvient enfin à rouler de droite à gauche pour se retourner totalement, se retrouvant sur le dos.

À 5 mois

Le bébé a atteint une étape importante de son développement physique. Sans pouvoir encore s'asseoir ou se tenir assis seul, il peut néanmoins rester un long moment dans la position assise s'il est bien calé dans une chaise haute ou soutenu par des coussins. De plus, il tient maintenant sa tête bien droite.

Les débuts du jeu

Ces deux acquisitions vont lui permettre de commencer à se servir efficacement de ses mains. La plupart des bébés manipulent encore mal les objets qu'ils tiennent dans leurs petites mains maladroites, mais presque tous sont maintenant capables d'attraper un hochet et, parfois, de le porter à la bouche. Comme bébé dort moins et que

Une vision plus développée

À quatre mois, la vision du bébé est maintenant proche de celle de l'adulte : il accommode parfaitement, il peut coordonner ses deux yeux à des distances variables. Il a une vision des couleurs et il s'y intéresse tout particulièrement ; enfin, il perçoit correctement la profondeur, ce qui l'aide beaucoup pour attraper les objets. Quand il est maintenu assis, sa tête se tient droite, ce qui lui permet là encore d'avoir une vision plus globale du monde qui l'entoure.

sa curiosité est sans cesse en éveil, c'est pendant des temps de plus en plus longs qu'il est capable de jouer et de faire appel à ses proches pour jouer avec lui. Il est bon d'être disponible, mais il est aussi important que le bébé sache rester un moment seul, à regarder, à explorer ou à gazouiller en tête à tête avec ses peluches préférées.

Certains bébés sont plus actifs que d'autres. Ils adorent être tripotés, secoués ou lancés en l'air. Dès l'aube, ils appellent pour vous convier à participer avec eux à cette nouvelle journée de découverte. À peine réveillés, à six heures du matin, ils réclament avec véhémence un compagnon d'activité. Coucher un tel bébé plus tard ou doubler ses volets par des doubles rideaux risque de ne servir à rien. La seule solution pour les parents consiste soit à se lever lorsque le bébé s'éveille, soit à lui apprendre à se suffire à lui-même et à jouer seul un moment.

D'autres bébés sont plus calmes. Éveillés les premiers, ils peuvent rester un long moment dans leur lit. Attraper leurs doigts ou leurs orteils, les porter à la bouche, s'essayer à des vocalises sont des activités qui peuvent les faire patienter jusqu'à l'heure du petit-déjeuner.

Le caractère du bébé s'affirme. Il sait nettement ce qu'il veut : de l'attention, des jeux, s'exciter de plaisir. Il sait également ce qu'il ne veut pas et peut protester avec une certaine violence en réponse à une frustration qui lui est imposée, si on lui retire un jouet, par exemple.

⊙ À 6 mois

À partir de six mois, la plupart des bébés dorment moins : ils peuvent rester éveillés deux heures consécutives. En revanche, ils font des nuits complètes et se réveillent un peu plus tard le matin. Les rythmes de la journée se sont aussi bien régularisés et les plages de découvertes et d'éveil sont plus longues.

Physiquement, la coordination est maintenant bonne. Les yeux, les mains et la bouche fonctionnent dans un but commun : situer les objets, les attraper, les manipuler, les porter à la bouche. Les deux mains se synchronisent.

Mentalement, la mémoire progresse encore et permet la constitution de souvenirs moins éphémères en ce qui concerne le proche passé. Le bébé met en place des habitudes et des références stables qui le sécurisent : connaissant la succession des événements, il peut les anticiper. Cela lui donne l'impression d'un début de maîtrise sur son environnement.

Le bébé tient assis, même si certains ont encore besoin d'être dans une petite chaise ou d'avoir le dos soutenu par un coussin. La tête tient tout à fait droite. La position assise, parce qu'elle libère les mains, est très importante pour le développement de l'enfant qui peut désormais manipuler tout à loisir, attraper et lâcher sans perdre – ce qui l'amuse beaucoup.

Les différences individuelles s'accentuent : ce n'est plus seulement le rythme des acquisitions motrices qui varie, mais aussi l'ordre dans lequel vont se faire ces acquisitions. Certains bébés vont maîtriser en premier les mouvements généraux du corps, par exemple s'asseoir ou ramper. D'autres attendront pour cela d'avoir acquis la maîtrise parfaite des petits gestes, ceux des mains. Rien n'est mieux ou plus prometteur : chacun son style, tout simplement !

Premiers sons

Vers six mois, les capacités du dialogue sont en constante progression. Il faut en profiter pour apprendre au nourrisson que ses balbutiements peuvent avoir un sens, renforçant ainsi son désir de s'exprimer. Pour cela, il faut partager son langage, lui renvoyer, en les modulant et les enrichissant, ses propres productions.

Mais il faut lui parler comme à une personne capable de vous comprendre. Cela veut dire utiliser les bons mots, les mots précis correspondant à ce que vous êtes en train de faire, et ne pas vous cantonner à un langage « bébé ». Il est d'ailleurs tout à fait erroné de l'appeler ainsi, car jamais un jeune enfant ne dira spontanément « mimine » au lieu de « main » ou « bobo » au lieu de « mal » si

un adulte ne le lui a pas appris ! Plutôt que de devoir ensuite le contraindre à « désapprendre », autant lui donner tout de suite l'expression correcte.

À 7 mois

Le petit garçon ou la petite fille de six mois révolus est déjà un personnage très complexe qui n'a plus grand-chose à voir avec le nouveau-né qu'il était.

La vue est parfaite : le bébé voit loin, nettement, et peut distinguer les nuances. Il s'intéresse d'ailleurs beaucoup aux couleurs. Il sait distinguer les sons, en reconnaît beaucoup et sait trouver leur provenance. Il se sert très bien de ses deux mains : il les tend vers tout ce qu'il voit et examine tout ce qu'il tient. Il est aussi capable de boire seul son biberon... à condition d'être quand même blotti dans les bras de maman ou de papa.

Il peut se tourner dans tous les sens et rouler sur lui-même. Certains enfants ont trouvé comment ramper, poussés par la curiosité. Presque tous commencent par se déplacer vers l'arrière, ce qui leur est plus facile. Mis debout et soutenu sous les aisselles, l'enfant peut se tenir, jambes droites et fermes. Il adore cette position.

Le bébé connaît son nom et se retourne quand on l'appelle. Il apprécie la compagnie des autres enfants et fait une vraie fête à ses frères et sœurs aînés. Pour ceux qu'il aime, il babille, proteste, échange, module sa voix. Il se sourit dans le miroir et devient conscient que les différentes parties de son corps forment une unité.

À 8 mois

Jusqu'à maintenant, les gens devaient se déplacer et venir à l'enfant, les objets lui être présentés, puisqu'il était lui-même dans l'incapacité d'aller les chercher. Maintenant, tout change : c'est désormais l'enfant qui va au-devant de ce qu'il désire. Il a en effet acquis les capacités motrices nécessaires pour se déplacer dans son environnement et aller à la découverte du monde.

Le bébé étant d'une grande curiosité naturelle, il va mettre sa toute nouvelle mobilité à son service. Il apprend à ramper, puis à marcher à quatre pattes, pour découvrir ce qui est loin de lui ; il apprend à se mettre debout tout seul pour explorer la verticalité.

La main est en passe de remplacer la bouche dans la découverte des objets : c'est désormais elle qui renseigne l'enfant de façon privilégiée. Il faut dire que, depuis que le pouce s'oppose à l'index, permettant de former une pince, la dextérité s'est beaucoup améliorée.

À cet âge, l'enfant est capable de s'amuser vraiment avec ses jouets et de faire des choix parmi eux. Il imite les actions des grandes personnes et cherche à faire le plus possible de choses par lui-même. Taquin et drôle, il fait preuve d'un vrai sens de l'humour.

À côté de cela apparaissent de vraies peurs et le petit intrépide a souvent besoin de venir se rassurer auprès de vous.

Son développement physique de 6 mois à 1 an

• **À 6 mois,** le bébé tient généralement assis sans support pendant quelques secondes, puis il prend appui sur les mains, mais sans stabilité. Il pivote son torse dans toutes les directions.

• **À 7 mois,** le bébé tient un peu mieux assis et sait s'équilibrer en se penchant. Soutenu dans le dos, il reste longtemps stable. Certains bébés commencent à se déplacer au sol en rampant.

• **À 8 mois,** le bébé tient assis totalement sans support et peut pivoter sur lui-même. Mais, s'il tombe, il n'est pas capable de se réinstaller. Bébé se déplace au sol en avant ou en arrière.

• **À 9 mois,** la position assise est stable. Certains enfants tentent le quatre pattes, avec un fort désir de se déplacer. Bébé aime être tenu debout et tenir fermement sur ses jambes.

• **À 10 mois,** le bébé se tient debout seul avec un bon appui. C'est se rasseoir qui lui pose plus de problèmes ! Certains remplacent le quatre pattes par un déplacement bras et jambes tendus.

• **À 11 et 12 mois,** le bébé privilégie la position debout. Il peut généralement marcher s'il est tenu par les mains. Certains enfants ont envie de se lâcher, d'autres d'attendre un peu. Mais tous veulent se déplacer. Assis, l'enfant est tout à fait stable.

⊙ À 9 mois

Un bébé de cet âge bouge sans arrêt. La coordination des différentes parties de son corps s'améliore de semaine en semaine et cela lui permet de reculer encore les limites de ses explorations. La seule chose qui le retienne vraiment est la peur des nouveautés, des étrangers et des séparations, qui provoque encore bon nombre de retours précipités vers sa mère.

Le bébé se sert de ses mains pour s'essayer à la fois à des gestes énergiques (faire du bruit partout où c'est possible, taper, déchirer) et à des gestes fins (prendre délicatement des petits objets pour les mettre dans une boîte ou dans une bouteille qu'il vide ensuite, les laisser tomber, les ramasser, etc.). Cette exploration systématique du dessous et du dessus, du contenant et du contenu, de l'intérieur et de l'extérieur est typique de cette période. D'ailleurs, l'enfant de cet âge ne tend pas uniquement le doigt vers ce qu'il peut souhaiter attraper, mais également vers ce qui est hors de sa portée.

La position debout est souvent celle qu'il préfère. Il essaie de se hisser contre ce qui peut lui servir d'appui. Debout, sa vision du monde change et la joie qu'il y trouve est évidente.

⊙ À 10 mois

On a l'impression que le bébé ralentit un peu le rythme de ses apprentissages physiques. En réalité, il profite de ce moment plus calme pour consolider ses précédentes acquisitions et pour acquérir ce qui ne l'était pas encore. Comme s'il sentait qu'il allait avoir besoin de toutes ses capacités pour démarrer la marche, il va perfectionner

ses capacités motrices. Celui qui se déplaçait à peine sur le sol va le faire de plus en plus vite. Celui qui rampait va passer à l'étape « quatre pattes », mais certains rampent si bien qu'ils passeront directement de ce stade à celui de la marche.

Autre perfectionnement : celui de la position assise. Le bébé sait désormais s'asseoir seul, à partir du sol, quelle que soit sa position. Assis, il peut tourner librement le torse à droite ou à gauche et cette stabilité lui permet de tenir sur n'importe quel siège. Beaucoup d'enfants de cet âge s'exercent également à se mettre debout et à se déplacer le long des meubles.

L'attrait de la nouveauté

Le bébé aime les nouveaux objets, les nouveaux jeux. Il est d'ailleurs capable d'en inventer tout seul. Il est persévérant et obstiné. Comme il recherche les contacts avec ses proches, il aime aussi les jeux des autres – ce qui n'est pas toujours facile à supporter pour les frères et sœurs ! Il commence à s'intéresser davantage à ses peluches : il les câline, les nourrit, les couche. Il refait avec elles tout ce que sa mère fait avec lui.

Premiers non

Dans le même temps apparaît le « non », qui va devenir un de ses premiers mots-clés. Ne vous inquiétez pas : votre bébé ne sait pas encore vraiment ce que ce mot signifie. Mais il vous a entendue souvent le prononcer, avec un air très convaincu, et il sait que ce mot est puissant. Il devine, lui qui cherche à affirmer sa personnalité, que s'imposer va bientôt passer par le refus systématique de vos exigences. Pour l'instant, il ne fait que s'exercer, essayer...

⊙ À 11 mois

Ce qui domine en cette période, c'est l'apparition massive des capacités d'imagination et d'imitation. Ces progrès sont surtout mentaux, mais l'enfant met l'ensemble de ses apprentissages physiques au service de son imagination – ce qui peut être éprouvant pour la personne qui s'occupe de lui dans la journée...

L'imitation

L'imitation se retrouve dans tous les domaines et va désormais devenir la façon principale dont l'enfant va acquérir ses nouveaux apprentissages. C'est en vous imitant qu'il va apprendre à se déshabiller, à se laver ou à parler. Il est capable de reprendre pour lui des comportements qu'il a observés chez d'autres, adultes ou enfants. Il imite sa mère lorsqu'elle essuie la table ou fait la cuisine et devient lui-même capable de cacher des objets pour les lui faire chercher.

Une main très habile

La manipulation devient de plus en plus fine. Il peut, en imitant les adultes, tenir un crayon, insérer des petits objets dans une fente, soulever un couvercle, délacer ses chaussures, encastrer, etc. Les mains ont désormais des rôles différents et l'enfant peut faire deux actions simultanées : tenir un jouet d'une main tout en mangeant de l'autre, se retenir à une chaise tout en se baissant pour ramasser quelque chose, etc.

⊙ À 12 mois

L'âge d'un an est généralement associé aux débuts de la marche, mais cela peut varier beaucoup d'un enfant à l'autre.

Celui qui ne marche pas seul peut généralement le faire s'il est tenu par une main ou par les deux. Quant au marcheur débutant, il ne sait souvent pas s'arrêter autrement qu'en se laissant tomber sur le sol. Pourtant, la position debout gagne en stabilité : l'enfant debout sans appui peut désormais pivoter, se pencher, faire des signes de la main, sans pour autant perdre l'équilibre.

Pendant cette période, le bébé semble plus intimidé par les nouveaux espaces que la marche va lui ouvrir. Il paraît moins intrépide que les mois précédents et certains se collent même à leur mère, comme s'ils craignaient de s'en éloigner... au point qu'il faut parfois les enjamber. Enfin, l'attachement au père se fait plus grand et tous les jeux remuants que celui-ci peut inventer sont les bienvenus !

Les débuts du langage

Le vocabulaire se développe, ainsi que la compréhension. Un bébé à qui on a beaucoup parlé est maintenant capable d'obéir à des ordres simples du type « Va chercher tes chaussons », « Passe-moi mon journal » ou « Viens avec moi à la cuisine ». Lorsqu'il vous ramène un objet, c'est toujours avec une grande fierté qui mérite remerciement et louange.

À cet âge, la plupart des enfants ont parfaitement compris la valeur du mot « non » et s'en servent, avec la voix ou avec la tête, d'une façon que les parents jugent vite abusive : non pour s'habiller, non pour manger, non pour aller dans le bain, non pour marcher, etc. Il va désormais falloir ruser pour le conduire à faire ce que l'on veut. Il fait aussi très bien la différence entre ce qui est autorisé (il guette sans cesse l'approbation) et ce qui ne l'est pas, qu'il fera quand même, mais en s'assurant que personne ne le regarde.

Tous les enfants sont différents. Les uns développent certaines aptitudes plus tôt, les autres plus tard, sans que cela ne veuille rien dire concernant leurs compétences ultérieures. Au bout de quelques années, tous les enfants se rattrapent, ceux qui ont marché plus tôt et ceux qui ont parlé plus tard, ceux qui ont su ramper très vite comme ceux qui n'ont jamais marché à quatre pattes. Inutile donc de comparer votre bébé à un autre ou de l'inciter à se dépêcher. Il va à son rythme et il a absolument besoin de votre fierté et de vos encouragements.

○ La propreté

Il est vrai que certaines mères d'enfants d'un an ont réussi, en mettant leur bébé à heures fixes sur le pot et en l'y maintenant un moment, à obtenir qu'il fasse. Mais un enfant n'est pas un chiot et l'éducation ne consiste pas à obtenir une réponse passive. Celles qui le font prennent de grands risques que l'enfant pourrait payer cher dans les années suivantes.

À l'heure des changes complets, il n'y a pas d'urgence à retirer les couches. Votre enfant a beaucoup de choses à apprendre avant de savoir se retenir et demander le pot. Il doit apprendre à marcher, à courir, à monter et descendre les escaliers, à dire quelques mots. Il doit apprendre où sont les toilettes et à quoi elles servent. Il doit apprendre le plaisir d'être au sec, d'être propre, de se promener seulement avec une petite culotte. Il doit aussi quitter le stade oral, où tout l'intérêt et le plaisir passent par la bouche. Mais surtout, la propreté réelle, contrôlée, demande une maturité du système neuro-musculaire que l'on ne peut hâter et qui n'intervient le plus souvent qu'autour de deux ans.

Alors, quelle que soit votre impatience, ne tentez rien avant l'âge de dix-huit mois. Car ni votre enfant ni vous-même n'y gagneriez à commencer plus tôt.

L'éveil de votre bébé

Les parents ont toujours su ce que les scientifiques mettent en évidence depuis une vingtaine d'années environ : les bébés sont compétents, curieux et ne demandent qu'à être encouragés sur le chemin de l'éveil et de la découverte du monde.

⊙ Les étapes de son développement

• À la naissance, le bébé a une activité réflexe qui est dominante. Son odorat est si bien développé qu'il reconnaît sa maman à son odeur. Sa main est très sensible : elle explore la forme et la consistance d'un objet placé contre elle. Même si les bruits lui paraissent encore assourdis, le nouveau-né est déjà réceptif à la voix humaine, particulièrement celle de ses parents.

• Vers deux mois, il se concentre sur le visage humain comme s'il cherchait à le comprendre. Il sait que ses parents sont source de réconfort, il les appelle à grands cris et se calme lorsqu'ils apparaissent. Il a déjà des goûts et des dégoûts : il aime certaines odeurs plus que d'autres, et ses préférences dépendent beaucoup des habitudes culinaires de sa mère. Il devient sensible au bruit et au mobile au-dessus de sa tête.

• À trois mois, il voit tout de suite un jouet qu'on lui tend et commence à le suivre des yeux. Il découvre ses mains. Si un geste qu'il fait (comme heurter un hochet) provoque un bruit, il va chercher à le reproduire, découvrant le lien de cause à effet. Il sourit lorsqu'on lui parle et s'intéresse à ce qui l'entoure.

• À quatre mois, le bébé a l'oreille fine et commence à reproduire des sons et à rire aux éclats. Il tourne sa tête dans la direction d'où viennent les bruits. Son acuité visuelle étant devenue bonne, il peut suivre des yeux l'objet ou la personne qui se déplace. Il découvre la vision en relief et en couleurs. Tout ce qu'il attrape, il le porte à la bouche, faisant de sa langue un outil de connaissance perfectionné.

• À cinq mois, il produit des sons qui imitent les paroles. Il attrape les objets, les manipule et se sert de cette nouvelle compétence pour découvrir le monde. Il est capable d'exprimer de la peur et de la colère.

• À six mois, il distingue bien toutes les couleurs et marque une préférence pour les teintes vives. Il est très intéressé par son reflet dans les miroirs. Il aime jouer avec l'adulte et s'entraîne à maîtriser de nouveaux savoir-faire. Il marque certaines préférences parmi les aliments.

• À sept et huit mois, il agit de mieux en mieux sur les objets et s'y intéresse. Il connaît son nom et le mot « non », mais il sait aussi attirer l'attention et essaie de se faire comprendre. Il s'intéresse davantage à son entourage d'enfants et d'adultes. Se déplacer lui ouvre de nouveaux horizons.

• À neuf et dix mois, il commence à dire « maman » et s'intéresse de plus en plus à ce qui l'entoure. Il est capable de retrouver un objet caché sous une couverture et fait preuve de plus de concentration dans ses jeux. Il applaudit, ou fait les marionnettes.

⊙ Faut-il le stimuler?

Les besoins physiologiques du petit enfant sont des besoins de nourriture et de chaleur. Inutile d'épiloguer. Au sein ou au biberon, dans la laine ou dans la soie, tous les parents connaissent d'instinct la priorité de ces besoins et y font face. Y compris au milieu de la nuit. Mais les enfants ont d'autres besoins: ils veulent que l'on nourrisse leur curiosité et leur joie de communiquer.

La première année du bébé est à la fois la plus active et la plus sensible. Toutes les grandes acquisitions vont se mettre en place, notamment les habitudes spécifiquement humaines. C'est pendant cette période que vont se construire les structures de base qui supporteront toute l'évolution ultérieure. Ne croyez pas pour autant que tout est figé ou déterminé à un an, mais plutôt que tout ce qui se vit et s'acquiert pendant cette période est déterminant. Rien n'est suffisant pour s'assurer l'avenir. Mais il est nécessaire que cette première année se passe au mieux pour l'avenir de l'enfant.

Sachant cela, certains parents ou éducateurs ont déduit qu'il fallait «profiter» de la première année pour éveiller et stimuler son bébé à tout prix. Ils se sont livrés avec leurs enfants à de véritables leçons destinées à hâter leur développement. Je voudrais mettre les parents en garde: trop de stimulations physiques ou intellectuelles peuvent faire du bébé un enfant hyperactif, anxieux, agité. Il risque de payer cher, par la suite, le fait d'avoir atteint tel ou tel stade plus tôt

que son voisin de crèche. Quelle importance? Il a bien le temps de se lancer dans la rivalité et la compétition.

Tous les bébés gagnent à se trouver dans un environnement riche de nombreuses possibilités, qui les aide à épanouir leurs merveilleuses aptitudes.

⊙ Stimuler les cinq sens

Le bébé a cinq sens, tous efficaces, à des niveaux différents, dès la naissance. Ces sens sont les portes d'entrée par lesquelles l'enfant fait connaissance avec le monde. Éveiller les sens de son enfant, c'est lui ouvrir le monde, stimuler sa curiosité et l'aider à développer son intelligence. Il existe de nombreux petits jeux sensoriels que vous pouvez faire avec votre bébé et développer selon son âge. Mais n'oubliez jamais les points suivants:

- tout apprentissage à cet âge ne se développe que sur une relation faite d'amour, de respect et de plaisir partagé;

- le trop étant l'ennemi du bien, respectez le rythme et le désir de votre bébé. Quelques minutes de stimulation par jour suffisent largement: davantage le fatiguerait. Ne vous fixez aucun autre but que le plaisir du bébé et de répondre à son besoin de découverte.

Le toucher

Voici quelques échanges que vous pouvez proposer à votre enfant pour stimuler le toucher.

- Massez doucement le corps de votre nouveau-né avec une huile d'amande douce.

- Quand il est plus grand, caressez ses mains ou ses pieds avec une brosse à dents ou un pinceau de maquillage.

- Quand il sait manipuler, confiez à votre bébé des objets de textures différentes pour lui faire explorer le doux, le rugueux, le mou, le dur, etc. (Mettez de côté des morceaux de textiles ou d'autres matières.)

- Attirez son attention sur le chaud ou le froid de l'eau ou du radiateur.

L'odorat

À la naissance, l'odorat du bébé est un sens tout neuf, qui ne lui a pas servi dans le ventre où il logeait, et d'emblée merveilleusement fin et efficace. Le bébé est sensible aux odeurs et la mémoire qu'il en a est supérieure à la nôtre.

Comme les petits animaux, le nouveau-né se sert des odeurs pour reconnaître les gens. Quand la vue et le toucher auront gagné en efficacité, l'odorat deviendra moins utile et perdra de sa

finesse. Savez-vous qu'un nouveau-né, dès l'âge de trois jours, peut différencier l'odeur de sa mère de celle d'une autre femme? Une fois que l'on a conscience de cette compétence, on comprend que l'on va pouvoir s'en servir pour communiquer avec son bébé. Avez-vous remarqué combien il aime se lover dans le creux de votre cou? Il y retrouve votre odeur et il est heureux.

La vision

Le nouveau-né ne voit bien que ce qui est face à lui, à une vingtaine de centimètres de son visage. Le bébé appréciera que son univers visuel soit enrichi par des mobiles aux motifs divers, des posters que l'on renouvelle souvent, des ballons de baudruche suspendus à des ficelles qu'on laisse voler dans le vent, des jouets de couleurs vives, un miroir accroché à côté de son petit lit, etc.

La vision est sans doute le sens qui va demander le plus de temps pour parvenir à maturité. Si plus personne ne pense, comme autrefois, que les bébés

L'éveil du bébé au quotidien

Les parents attentifs à l'éveil de leur bébé ont à cœur d'aider à:

- son développement sensoriel et corporel, qui permet à l'enfant de percevoir le monde qui l'entoure et d'agir sur lui;

- son développement intellectuel, qui permet à l'enfant de comprendre les informations qu'il perçoit, de les mémoriser, puis de les réutiliser;

- son développement social et affectif, qui lui permet de créer des liens et l'intègre dans un échange d'amour indispensable. Ce dernier point est essentiel: c'est parce que vous aimez votre bébé que vous voulez pour lui ce qu'il y a de mieux et lui offrir les stimulations qu'il apprécie.

Évitez l'activisme

Si un jeune bébé a besoin d'être accompagné dans son éveil, il a aussi besoin de rester parfois seul dans son lit ou dans son parc. Il apprend à se suffire à lui-même, à trouver son autonomie – ce qui est fondamental. Il a aussi le droit de ne rien faire, de rester tranquille, à regarder et écouter ce qui se vit autour de lui. Alors évitez l'activisme et privilégiez une ambiance de calme, de tendresse et de patience. L'éveil du bébé? Il passe avant tout par ce quotidien que partagent parents et enfant, fait de mille petits riens qui s'échangent en permanence : autant d'occasions de découvrir et d'apprendre ce monde qui est le sien.

naissent aveugles, il est exact que leur acuité visuelle à la naissance n'est pas parfaite et qu'elle se perfectionnera pendant plusieurs mois : les muscles des yeux vont devenir plus forts, la vision des couleurs va se développer et le bébé va apprendre à voir en relief.

Au cours des premières semaines, sa vision est limitée, mais suffisante pour bien voir un visage humain qui se penche vers lui. Il perçoit les objets s'ils sont face à lui, à vingt ou trente centimètres de son visage, et apprend peu à peu à suivre des yeux un objet qui se déplace lentement devant lui.

La perception des couleurs s'établit au cours des trois premiers mois : le bébé voit mieux les couleurs vives et contrastées. Quant à la vision en relief, en trois dimensions, elle ne sera sans doute pas parfaite avant l'âge de quatre mois.

Le goût

Dès la naissance, le bébé préfère le sucré aux autres saveurs. Le lait de la mère a des goûts différents selon son alimentation. Le lait en poudre a toujours le même goût, sauf si l'on décide de le parfumer légèrement. Pour le tout-petit, on peut varier la composition des jus de fruits ; pour les plus grands, celle du bouillon de légumes. Ne pas mélanger les légumes permet de mieux connaître le goût de chaque aliment et d'apprendre à les distinguer.

Tout en respectant la sensibilité gustative d'un petit, on peut lui faire découvrir, sur le bout de son doigt, des saveurs nouvelles. Vous mangez de la sauce tomate ou de la glace à la framboise ? Faites-lui goûter. Plus tard viendra le roquefort, le curry ou l'avocat. Vous serez étonnée de ses réactions !

L'audition

Un éveil musical tout en douceur peut commencer dès la naissance : musique classique, folklorique ou chansons, chants d'oiseaux, cris d'animaux, sons de la vie quotidienne et mots doux chuchotés à l'oreille.

Jouer avec les sons

Les bébés entendent parfaitement bien dès la naissance, même si parfois il vous semble le contraire. Leur attention auditive est brève, mais ils prennent beaucoup de plaisir à écouter avec vous différents sons. Autant le bruit du téléphone, de l'aspirateur ou d'un éternuement peut le faire pleurer, parce qu'il a l'ouïe fine et sensible, autant il prendra de plaisir aux registres de votre voix comme aux bruits de la maison.

Le hochet

Premier jouet à n'être pas son propre corps, le hochet fascinera longtemps l'enfant. Il apporte des stimulations mentales importantes : le bébé acquiert des notions de couleur, de forme, de texture. Le hochet a deux rôles essentiels. D'abord il permet au bébé de s'entraîner à la manipulation : le hochet est attrapé, agité, secoué, passé d'une main dans l'autre. Ensuite, il stimule l'intelligence du bébé et lui permet de découvrir le lien de cause à effet : il agite le hochet, qui produit un son. Le bébé semble surpris, recommence le même geste et produit le même résultat. Quelle joie pour lui de se découvrir capable d'agir sur les objets !

Le «bon» hochet sera un objet de petite taille, facile à prendre en main, souple, léger, incassable, de matière non toxique et qui produit facilement un son.

La voix

Parmi tous les bruits, le bébé préfère celui que fait la voix humaine, ce qui indique clairement son désir de communiquer. Mais une voix violente ou agressive peut le faire pleurer. Une voix froide, sans affection, peut le faire se replier sur lui-même. Une voix d'adulte qui converse avec d'autres adultes peut le laisser indifférent. Ce qu'il aime, ce sont les voix douces, bien timbrées, qui se font naturellement plus aiguës pour s'adresser à lui, qui lui parlent tendrement en le regardant dans les yeux, avec des mots simples, des mots qui concernent un bébé. Ou bien une voix qui lui fredonne quelque chanson douce.

La musique

Le jeune bébé aime la musique douce, la musique classique notamment. Certains préludes de Bach se sont révélés tellement efficaces pour charmer et calmer les bébés qu'ils sont utilisés maintenant de manière systématique dans plusieurs services de maternité américains. On a attribué à la musique classique de nombreux pouvoirs sur les bébés, et il est certain que vous ne ferez que du bien au vôtre en lui faisant écouter des morceaux de musique douce, ceux que vous aimez, sans forcer le son.

Vous chantez ? N'hésitez pas, même si vous doutez de la qualité de vos cordes vocales... Votre bébé, profitant à la fois du plaisir de votre voix et de celui de la musique, sera comblé.

Les sons

Le bébé aime les sons drôles, surprenants, doux, nouveaux, et toutes les occasions sont donc bonnes pour exercer son oreille. Seul interdit : les bruits violents, agressifs, désagréables à son oreille encore toute neuve. Non

au hard-rock, aux cris, aux sonneries... Oui au hochet, au grelot, à la clochette, au tic-tac de l'horloge, au papier froissé près de l'oreille, au tintement d'un couteau sur différents verres, aux bruits de bouche ou de doigts, etc.

⊙ La conscience de son entourage

Après quelques mois, votre enfant distingue ses parents des autres personnes et connaît bien ses frères et sœurs aînés dont la venue le réjouit tout particulièrement. Il devient plus attentif à ce qui l'entoure. La contre-partie, c'est qu'il ne se laisse plus aussi facilement approcher ou manipuler par les personnes qu'il ne connaît pas ou peu. Il peut même se mettre à pleurer si un « étranger » veut le prendre dans ses bras. Que les amis ne s'attristent pas : cela signifie seulement une meilleure connaissance du monde de la part de ce tout petit bébé... Quand il les connaîtra mieux, il leur sourira aussi et leur tendra les bras. En attendant, vous qui comprenez les inquiétudes de votre bébé, protégez-le en suggérant aux grands-tantes qu'il n'est pas néces-saire qu'elles se jettent sur lui pour l'embrasser...

⊙ La permanence des objets

Vers quatre mois, le bébé devient conscient de son existence distincte de celle de sa mère, mais il n'est pas encore convaincu de la permanence des objets. Il a tendance à croire que ce qu'il ne voit plus cesse d'exister. Il ne croit pas que les choses puissent rester identiques à elles-mêmes en dehors de son regard, de sa présence ou s'il les voit sous un autre aspect. Non seulement il ne recherche pas les jouets qui ne sont pas très près de lui, mais il ne tente pas de récupérer un jouet que vous avez glissé sous un coussin, devant ses yeux.

Pour l'aider à progresser, vous pouvez jouer avec lui à des petits jeux très simples et qu'il adore. Ces jeux sont importants pour lui faire percevoir que les gens et les choses continuent à exister hors de sa vue. Vous saurez qu'il a franchi cette étape lorsque, après que vous aurez caché le lapin, il repous-sera lui-même le drap pour le retrouver. Vous lui offrirez de grandes parties de rire.

Jouez à « Coucou, le voilà ! ». Cachez votre visage derrière une serviette ou un battant de porte, puis montrez-vous à nouveau, plusieurs fois de suite. Il est important de verbaliser en même temps : « Où elle est, maman ? Elle est partie ? La voilà ! » avec force mimiques et sourires. Vous serez heureusement surprise d'entendre votre bébé rire aux éclats... Tout en intégrant des notions de réalité physique fondamentales.

⊙ Le stade du miroir

Cette étape dans le développement de l'enfant est importante. Au début de sa vie, le bébé n'a pas une conscience globale de son corps. Il ne se vit pas comme clairement distinct de sa mère, et ses mains lui semblent de drôles de jouets... Ce n'est que progressivement qu'il acquerra un sentiment d'identité propre, connaissant bien les limites de son corps et faisant la part de qui est « moi » et « non-moi ».

Cette étape a été définie comme « le stade du miroir », puisqu'il s'agit du moment où le bébé, se regardant dans un miroir, reconnaît son image et identifie consciemment l'ensemble de son corps comme lui appartenant.

Quand se reconnaît-il?

Tous les auteurs ne sont pas d'accord sur l'âge auquel l'enfant atteint ce stade. Aux environs de quatre mois, le bébé jubile devant sa propre image, mais avec la même joie que provoquerait l'apparition d'un autre enfant. Si sa mère apparaît dans le miroir, se plaçant derrière lui, il est évident qu'il la reconnaît. Cela marque l'ébauche de la reconnaissance de soi.

Vers sept-huit mois, cependant, les choses se précisent. L'enfant a longtemps exploré son corps, avec ses mains ou avec sa bouche. Il a appris à s'en servir. Il connaît bien les visages de ceux qu'il aime et répond à son nom. À cet âge, le bébé marque un intérêt certain pour le miroir. Il parle à son reflet et ébauche des grimaces. Il n'y a pas de doute: il commence à reconnaître sa propre image. Ce stade a acquis valeur de symbole: il prouve que l'enfant accède à la conscience de sa personne propre. Mais cette conscience ne se met pas en place du jour au lendemain. Si, entre six et huit mois, l'enfant semble s'y reconnaître, il faudra attendre l'âge de deux ans environ pour être sûr que l'enfant fasse le lien entre son propre corps et l'image que le miroir lui renvoie.

Les spécialistes utilisent certains «trucs» pour savoir où en est l'enfant dans sa connaissance du miroir. Les parents peuvent les essayer (mais sans garantie!).

• Le bébé étant assis face au miroir, avancez-vous derrière lui sans faire de bruit, de façon qu'il vous voie dans le miroir (sans vous avoir entendu venir). S'il se retourne, c'est qu'il a compris le rôle du reflet joué par le miroir. Sinon, il croit encore que sa mère est en face de lui.

• Faites une petite tache de rouge à lèvres sur le front de votre enfant sans qu'il s'en aperçoive. Puis prenez-le dans vos bras et placez-vous tous deux face au miroir. Le jour où il portera spontanément la main à son front pour toucher la tache, vous saurez qu'il est convaincu d'être face à son image et qu'il a dépassé le fameux «stade du miroir».

⊙ Exploration et curiosité

La curiosité est vitale pour un bébé. C'est la force qui le pousse à apprendre et à se lancer à la découverte de son monde. Il y met d'ailleurs une énergie énorme. Si cette curiosité débouche sur un plaisir et un enrichissement, elle restera vivante tout au long de l'enfance. C'est cela l'intelligence de l'enfant: cette force avec laquelle il va aller peu à peu à la rencontre de son environnement, tenter de le comprendre et de le modifier. C'est en multipliant les expériences et les explorations que le bébé va intérioriser une somme insoupçonnable de connaissances.

Un monde à découvrir

Plus le bébé grandit, plus il passe de temps à regarder autour de lui et à s'intéresser à son environnement. À trois mois, dans son transat, il prend plaisir à vous accompagner de pièce en pièce pour vous regarder vaquer à vos occupations. Il passe moins de temps à dormir et davantage à regarder autour de lui. Il aime vous suivre dans la maison, mais il aime aussi aller se promener et découvrir les plaisirs de la rue. Lorsque vous utilisez un landau pour emmener votre bébé en promenade, il est nécessaire de surélever le bébé de façon que, partiellement assis, il puisse voir ce qui se passe autour de lui. Sinon, couché sur le ventre et la tête enfouie au fond du landau, la promenade perd pour votre bébé beaucoup d'intérêt...

Plus grand, il passe moins de temps à dormir et davantage à regarder autour de lui. Puis il devient capable d'attraper et de se déplacer seul : son désir de découverte n'a plus de limites. D'ici un an, il n'y a pas un livre qu'il n'aura fait tomber de la bibliothèque, pas une prise de courant qu'il n'aura explorée, pas une corbeille qu'il n'aura vidée, pas une feuille qu'il n'aura déchirée, pas un appareil qu'il n'aura allumé... Réjouissez-vous ! Vous avez un enfant plein d'idées, pétillant de vie et d'intelligence. Pour ne pas avoir à le suivre pas à pas toute la journée, une seule solution : aménager l'espace de la maison en fonction de l'enfant, de sa curiosité et de ses initiatives.

Les débuts de la motricité

Les débuts de la marche marquent un virage important dans le développement de l'enfant. Marcher signifie pouvoir partir debout à la découverte de l'environnement. L'horizon s'élargit : c'est le début de nouvelles expériences.

➲ Il se tient debout

Dès cinq mois, le bébé tente de se redresser sur ses jambes. On sent qu'il aime être mis debout, alors qu'il est encore incapable de s'asseoir. Mais c'est vers six mois qu'il peut vraiment se tenir debout, jambes droites et bien fermes, s'il est soutenu sous les aisselles. Puis il prend de l'assurance. Lorsqu'il est assis ou allongé et que vous lui tendez les mains, il s'y agrippe et passe ainsi directement à la position debout. Il apprend peu à peu à se tenir droit, sans être soutenu autrement que par les mains. Il est manifeste que certains adorent cela : ils jubilent, sautent, plient et tendent les jambes, et hurlent parfois lorsque vous voulez les asseoir.

Mais tous ne sont pas ainsi : certains bébés plus calmes, moins « physiques », attendront encore trois ou quatre mois avant de vouloir tenir debout, sans que cela ait des conséquences sur la nature de leur développement. En effet, si tous les enfants ne marchent pas au même âge, les étapes pour y parvenir sont généralement les mêmes.

➲ Il se met debout

Vers neuf mois, un grand nombre de bébés, parmi les plus actifs physiquement, commencent assez bien à se mettre debout tout seuls. Entraînés à s'agripper à vos mains pour se hisser sur les jambes, ils vont continuer à s'agripper à tout ce qu'ils trouvent. Si se tenir debout est la position préférée de votre enfant, il va passer une partie importante de son temps à s'entraîner. À cette étape, le tout-petit essaie souvent de se hisser en s'aidant de tout ce qui peut lui servir d'appui (parfois il se trompe et renverse alors chaises et guéridons...). Il s'accroche encore à tout ce qu'il peut, mais il apprendra progressivement à choisir les meilleures prises, les plus efficaces. L'aide la plus sûre est constituée par la barrière en bois du parc, carré et classique, dans lequel l'enfant jouait jusque-là assis. Le bébé va se hisser aux barreaux pour se mettre debout, puis apprendre à se déplacer sur le côté, faisant ainsi le tour du parc. La marche n'est plus très loin !

Une fois debout, il jubile et va tenter l'étape suivante : lâcher une main,

Lui apprendre à s'asseoir

Ce n'est pas parce qu'il sait se mettre debout que votre enfant sait pour autant se rasseoir. Il reste souvent debout longtemps et finit par se fatiguer et pleurer. Il faudra donc lui apprendre à s'asseoir doucement en pliant les genoux. Sinon, il va avoir tendance à se lâcher brusquement et à additionner chocs et expériences désagréables.

lâcher l'autre. Puis lâcher les deux en prenant appui sur le ventre.

Le cabotage

«Cabotage» est un terme que l'on utilise pour décrire le stade où l'enfant, debout, se déplace latéralement en se tenant aux meubles et en passant d'un appui à l'autre. Il peut assez vite glisser le long d'un meuble, un canapé par exemple, sans autre appui que ventral. Les jeunes enfants qui en sont déjà à ce stade parviennent la plupart du temps, tenus par les deux mains, à ébaucher une marche débutante. Mais il leur faudra encore plusieurs semaines avant d'oser lâcher une main, puis l'autre.

Les différences entre enfants peuvent être importantes. Peut-être le vôtre parvient-il, lorsqu'il se met debout, en appui contre un meuble, à lâcher une main ou les deux pour manipuler un objet. Certains sont même capables de se mettre debout au milieu d'une pièce sans avoir besoin d'appui pour se hisser. Ce qui est sûr, c'est que presque tous les bébés qui savent tenir debout trouvent que cette position est de loin la plus intéressante. C'est souvent debout qu'ils veulent être changés ou habillés, debout encore qu'ils veulent prendre leurs repas. Il leur arrive même de prendre de grands risques lorsqu'ils veulent à tout prix se tenir debout sur leur chaise haute ou dans leur poussette!

Les premiers pas

Votre enfant marchera seul, comme tous les enfants, entre dix et dix-huit mois. Cela dépend de sa maturité musculaire et neurologique, de son poids, de son tempérament et du temps qu'il passe à s'exercer.

Il n'y a pas à s'inquiéter au sujet de l'enfant qui tarde un peu à marcher. Peut-être est-il si habile à marcher à quatre pattes qu'il ne voit pas pourquoi changer. Peut-être attend-il simplement son heure. Si votre enfant passe, debout, d'un meuble à l'autre, s'il est capable de se mettre debout seul au milieu d'une pièce, alors son heure est proche. Vous pouvez l'aider à s'entraîner en lui confiant un tabouret ou une chaise légère : il marchera en les poussant devant lui et en les faisant glisser sur le sol. Mais le mieux est encore, dès qu'il le peut, de faire marcher l'enfant en lui tenant les deux mains, puis une seule.

Certaines appréhensions

Bien des bébés ont des appréhensions au moment de lâcher le dernier doigt qui assure leur équilibre. C'est pourquoi il ne faut nullement les bousculer ou les presser : ils se lâcheront à leur heure, lorsque leur marche aura acquis une certaine stabilité.

Une chose est sûre : pour qu'un bébé se lâche et fasse ses premiers pas seul, il faut qu'il ait envie d'aller vers quelque chose ou de satisfaire quelqu'un. Si vous sentez que votre bébé est prêt, tenez-vous à un pas ou deux de lui. Puis tendez les bras : il va s'y précipiter. Les premiers pas se font ainsi souvent presque par hasard : on quitte les bras de papa, pour faire un pas et se laisser tomber de tout son long dans les bras de maman, et réciproquement.

Faites avant tout preuve de patience et de calme. Il n'est pas bon pour votre enfant de sentir que vous attendez impatiemment qu'il franchisse une étape qu'il ne se sent pas mûr pour franchir. À l'inverse, s'il sent votre anxiété et voit que vous vous précipitez chaque fois qu'il risque de tomber sur les fesses, vous lui donnez l'idée que marcher est une chose bien dangereuse.

La seule chose à faire est de jouer avec lui et de le laisser expérimenter seul le reste du temps. Il va hésiter, progresser, revenir en arrière après une mauvaise expérience. Puis un jour il se lancera...

Pour autant, tout ne sera pas gagné. Il va encore un bon moment se servir du quatre pattes pour se déplacer efficacement. Comme il commence à marcher sans toujours savoir s'arrêter, il choisira très vraisemblablement de se laisser tomber sur les fesses au premier coup de tangage. Mais enfin, semaine après semaine, il va gagner en stabilité et en assurance.

Découvertes et inquiétudes

Explorer la verticalité n'est pas une mince affaire. Cela demande du temps, de l'audace et beaucoup d'énergie. D'un autre côté, le bébé se sent encore bien petit face à un monde si vaste. Il s'excite, voudrait tout découvrir, mais il tombe ou se cogne. La conscience de ses propres limites le fait parfois hurler de frustration. Il veut décider seul et tente de garder le contrôle de la situation, mais s'aventurer ainsi fait très peur. Il trouve bon, souvent, de se réfugier contre maman, de s'enfouir dans ses jupes ou de se blottir dans ses bras, comme lorsqu'il était un bébé qui ne marchait pas...

Ce mélange de désirs et d'inquiétudes, de découvertes et de frustrations se

Comment accompagner votre bébé

• Même tant qu'il ne tient pas seul assis, le bébé est très heureux dans cette position qui lui libère les mains et lui permet de voir ce qui se passe autour de lui. Alors vivent les transats, les chaises hautes et les gros coussins qui lui tiennent le dos !

• Vous asseoir à deux pas de votre bébé, avec en main son jouet favori, l'encourage à se déplacer pour venir jusqu'à vous. Attention : certains bébés ne ramperont jamais, et c'est leur droit.

• Ne venez en aide à votre bébé que si vous le sentez en difficulté ou très frustré par ce qu'il ne peut faire. Sinon, encouragez-le plutôt de la voix. Faites-lui confiance pour développer ses propres ressources et félicitez-le chaleureusement de ses efforts.

• Les sols glissants sont une aide lorsqu'il rampe car il peut se déplacer très facilement. Mais ils deviennent dangereux quand il commence à marcher car il risque plus facilement de tomber et de se faire mal.

• Vers sept ou huit mois, lorsque votre bébé commence à bien bouger et à vouloir se mettre debout, choisissez des habits qui ne le gênent pas dans ses mouvements et ses explorations. Oubliez les robes jusqu'à ce que votre petite fille marche et remplacez, la nuit, le sac de couchage (ou «dors-bien») par un surpyjama ou une couette.

• Quand votre bébé se met debout, c'est pieds nus qu'il sera le plus à l'aise pour bien sentir le sol et ne pas glisser. S'il fait froid, choisissez des chaussons à semelle souple.

traduit souvent la nuit par des troubles du sommeil. L'enfant se réveille au milieu de la nuit, pleure et semble avoir peur sans que vous puissiez comprendre de quoi. Rassurez votre enfant, exprimez-lui votre amour et votre soutien, confortez-le dans son désir d'autonomie. Ainsi, progressivement, il retrouvera confiance en lui.

Il ne marche pas droit

Faut-il s'inquiéter si un bébé a tendance à marcher les pieds en dedans, ou à avoir les pieds plats, ou encore à marcher sur la pointe des pieds ? Toutes ces tendances concernent la presque totalité des enfants. En quelques mois, les pieds vont se muscler et ces petits problèmes disparaître. Mais s'ils vous paraissent inquiétants, n'hésitez pas à consulter votre pédiatre.

À 10 mois : monter...
puis descendre l'escalier

L'enfant qui a l'occasion de s'entraîner dans un escalier y fait de gros progrès. Pour monter, d'abord, ce qui est le plus facile. Tant qu'il ne sait pas descendre, vous avez intérêt à laisser la barrière en haut de l'escalier. Pour lui apprendre à descendre, n'hésitez pas à vous mettre vous aussi à quatre pattes, la tête vers le haut, et lui montrer comment on descend, les pieds d'abord, les mains ensuite. Lorsqu'il aura compris le « truc », il acquerra très vite une grande souplesse et sera capable de descendre rien qu'en se laissant glisser sur le ventre comme sur un toboggan. Mais soyez d'ici là très prudente. Il est encore trop tôt pour que le bébé assimile une démarche aussi compliquée que se retourner en sens inverse pour partir les pieds en avant. Or, la tête la première, cela fait très mal !

🡒 Chacun son rythme

Vers un an, certains enfants précoces dans leur développement moteur sont prêts à aborder l'étape décisive de la marche. D'autres en sont encore loin et parviennent à peine à se mettre debout ou à se tenir assis de manière stable. Ces écarts sont normaux. Une grande moitié des enfants commence à marcher entre douze et quatorze mois. Ceux qui démarrent moins vite que les autres sont souvent ceux qui seront les plus assurés, tombant moins parce qu'ils se seront davantage entraînés à chacune des étapes précédentes. L'essentiel, à cet âge, est de laisser l'enfant expérimenter physiquement, autant qu'il le peut, sans prendre trop de risques.

Le jeu
et les jouets

Le jeu n'est pas seulement une distraction. C'est aussi un temps d'acquisition et d'apprentissage indispensable à son développement intellectuel, affectif et social. Un enfant en bonne santé et normalement heureux joue spontanément. Avec le corps de sa mère et avec son propre corps pour commencer : il joue longuement avec ses mains, puis avec ses pieds, agrippe les cheveux ou les lunettes de sa maman... Vers quatre mois, capable d'attraper, il joue avec ce qui lui tombe sous la main, et s'empresse de le porter à la bouche. Capable de se déplacer, il considérera comme jouet tout ce qui l'attire, même – et surtout – s'il s'agit d'un objet interdit. Quel plaisir de manipuler la télécommande, de froisser les journaux ou de faire tourner la râpe à fromage !

Les fonctions du jeu

Les premiers jeux stimulent la vision ou l'audition du bébé. Puis celui-ci traverse une phase où ses jeux préférés consistent à manipuler, vider, jeter, secouer, tout ce qui lui passe dans la main.

● Jouer, à quoi ça sert?

Le jeu est loin d'être un domaine accessoire dans le développement et dans la vie de l'enfant. Prenez n'importe quel enfant qui n'a ni mal, ni faim, ni sommeil. Que fait-il? Il joue. C'est même là un signe important de bonne santé physique et psychologique.

Cela montre que jouer est pour lui une activité fondamentale par laquelle il va tout apprendre sur le monde et sur lui-même, et non une vague frivolité qui l'occupe en attendant de passer aux choses sérieuses. Car jouer est une chose sérieuse. L'enfant, en jouant, apprend à se maîtriser en évoluant à son rythme propre, mais il apprend aussi à maîtriser les choses qui l'entourent.

Jouer, c'est apprendre

Le mot « apprendre » ne doit pas vous surprendre : pour l'enfant, il n'y a pas de différence entre jouer et apprendre. Manipuler les objets, secouer, démonter, faire du bruit, remplir d'eau, escalader le canapé, tout cela c'est apprendre.

Mais cela ne signifie pas que l'adulte doive « récupérer » le jeu de l'enfant pour le pousser dans un entraînement intensif. Le jeu sert à jouer, un point c'est tout. L'enfant joue « pour le plaisir », même si, ce plaisir, il le trouve dans un effort qu'il s'impose à lui-même. Le jeune enfant se livre à de réels apprentissages, essaie, échoue, essaie encore, parce qu'il ne sait pas que davantage de compétences signifie davantage de jeux possibles, donc plus de plaisir. Il progresse également parce qu'il y est poussé par une force formidable. C'est le désir de vivre, de grandir et la curiosité de connaître.

Votre bébé est merveilleusement doué pour cela. Regardez-le lorsque vous lui confiez un nouveau jouet. Il va se servir de tous ses sens pour le découvrir : il va le regarder, le sentir, le goûter, le caresser, le secouer, le cogner, le démonter... tout cela d'une façon ingénieuse et merveilleusement efficace.

Jouer, c'est partager

Jouer est déjà très important pour votre bébé, malgré son jeune âge. Non seulement il joue avec son corps, mais il joue aussi avec l'autre. Tous les jours, vous avez pris l'habitude de passer un moment à ces jeux que vous partagez avec lui. Regards, sourires, glousse-ments et chatouilles sont autant de moyens qu'il a de vous dire son plaisir.

● Jouer avec son enfant

Tous les parents souhaitent que leur enfant acquière un certain sens de l'autonomie, et notamment qu'il soit capable de jouer seul. Il le sera si vous passez du temps avec lui. Un bébé joue seul... mais d'autant mieux que l'on passe du temps à jouer avec lui. Si les parents jouent avec l'enfant, il s'attachera au jouet utilisé, parce qu'il est, quelque part, « investi » par ses parents.

Même si l'enfant est entouré de beaux jouets très bien étudiés, aucun n'atteindra la valeur d'éveil et de découverte d'un quart d'heure chaleureux passé à jouer avec un adulte. Un moment de disponibilité totale, même court, et d'attention portée à l'enfant, est un cadeau royal. Même si l'on dispose de peu de temps, on peut profiter par exemple du moment du bain ou du change pour jouer et rire ensemble.

Faire vivre les jouets

Pour qu'un enfant s'intéresse à un jouet, pour qu'il y joue lorsqu'il se trouve seul dans sa chambre ou dans son parc, il faut que ce jouet ait été « investi » affectivement, par sa mère ou par son père. Il faut que les parents aient passé du temps à découvrir le jouet avec leur enfant, à le manipuler, à s'en amuser. Tant que le jouet est posé dans le placard, dans sa boîte ou dans le coffre,

Tout est jeu

Sur le tapis, on peut jouer à cache-cache (d'abord avec son visage derrière ses mains, puis avec un objet) ou à la balle. On peut se chatouiller ou sauter sur les genoux. On peut monter une tour de cubes que le bébé fera s'écrouler... Peu importe le jeu. On ne peut faire plus de plaisir et plus de bien à son bébé que de lui consacrer chaque jour un temps d'échange, de jeu et de plaisir.

il est comme mort pour l'enfant. C'est lorsque la mère le prend et l'anime qu'elle lui donne vie et éveille ainsi le désir de son enfant. Plus tard, lorsque l'enfant se retrouvera seul avec le jouet, il se souviendra de sa mère en train de jouer et il lui sera plus facile alors de jouer seul. À travers l'objet, il retrouvera sa mère. De temps en temps, il faut ainsi « animer » les jouets.

Il ne s'agit nullement d'expliquer au bébé la meilleure manière de jouer avec tel ou tel objet – il se débrouille très bien tout seul – mais de lui montrer que l'on s'intéresse à lui et que l'on prend plaisir à être avec lui. C'est à l'enfant de choisir le jeu : laissez-vous guider par lui. Mettez-vous simplement à sa disposition et soyez réellement avec lui.

La main et le jeu

La plupart des bébés tendent clairement la main vers les objets qu'ils souhaitent attraper, lorsqu'ils sont capables de saisir un jouet suspendu au-dessus d'eux. Une fois en main, l'enfant est à même de tourner son poignet afin de regarder l'objet sous différentes faces. Étudier les objets sous plusieurs perspectives, à différentes distances ou à l'envers fait partie des intérêts de l'enfant. Il apprend ainsi qu'un objet peut se présenter sous de multiples apparences, tout en restant identique à lui-même. C'est le commencement de ce que l'on appelle la permanence de l'objet.

Savoir lâcher

Si l'enfant de sept mois sait bien attraper les objets, il a encore des difficultés pour les lâcher. Bien sûr, il lâche un objet qu'il tenait pour en attraper un autre, ou par maladresse. Mais lâcher délibérément, pour tendre à quelqu'un ou pour envoyer, nécessite une détente musculaire inverse de la tension exercée pour tenir. Il s'agit là d'un apprentissage pour lequel vous pouvez aider votre enfant.

Lorsqu'il a un objet en main, placez votre main à plat sous l'objet. Montrez-lui qu'il peut lâcher l'objet sans que celui-ci tombe : il reste posé, à plat sur votre main, et votre bébé peut le reprendre sans problème.

Quelques jeux avec les mains

Premier jouet du bébé, les mains deviennent vite son premier et son meilleur outil. Elles apportent à la bouche, elles explorent, elles manipulent.

- Confiez à votre enfant une boîte facile à ouvrir et à fermer dans laquelle vous mettrez quelques objets sans danger qu'il pourra manipuler tout à son aise. Comme la nouveauté provoque toujours un renouveau de l'intérêt, il est bon de changer ces objets souvent.

- Faites toucher à votre bébé des objets procurant des sensations variées : un glaçon, ou une vitre l'hiver, puis dites : « Froid. » Un radiateur, ou son biberon de lait : « C'est chaud. » Les promenades permettent d'élargir ces expériences.

- Laissez votre bébé, assis sur vos genoux, manipuler de petits objets, par exemple remplir une tasse avec un tas de petits raisins secs posés à côté.

- Une fois que l'enfant sait prendre et lâcher, vous pouvez jouer, chaque fois que l'occasion se présente, à « prendre et donner ». Par exemple, lorsque le bébé est assis face à vous, tendez-lui une petite balle. Lorsqu'il l'a prise,

incitez-le à vous la confier. Demandez-la-lui en tendant la main : « Tu me donnes ta balle ? » S'il vous la donne, faites une chose amusante avec la balle, par exemple la lancer en l'air, puis rendez-la-lui. L'enfant est alors incité à lâcher les objets qu'il tient et à vous les donner, parce qu'il est amusé par ce que vous en faites.

- Lorsque l'enfant sait lâcher en ouvrant simplement les doigts et en posant l'objet sur votre main, vous pouvez passer à l'étape suivante. Assis tous deux face à face, à un mètre ou deux de distance, vous lui apprenez à lâcher en accompagnant le geste d'un mouvement du bras. Si vous prenez un petit ballon, l'enfant vous imitera et apprendra peu à peu à lancer.

Il jette tout par terre

La scène classique : bébé est assis dans sa chaise haute, plusieurs jouets posés devant lui. Il vous appelle : sa girafe est tombée. Vous la ramassez, la lui rendez et retournez à vos activités. Mais cela se reproduit, une fois, deux fois, dix fois, et vous constatez que votre enfant fait exprès de jeter sa girafe dès qu'il l'a récupérée. Croyant qu'il n'en veut pas, vous enlevez l'objet, mais il le réclame vigoureusement.

Deuxième variante : il est dans son parc et jette les jouets par-dessus la barrière. Puis hurle pour les récupérer.

Troisième variante, très vite lassante : au cours du repas, il s'amuse à jeter par terre timbale, nourriture ou cuiller pleine de purée. C'est généralement à ce stade que les parents craquent et se disent que leur bébé les prend pour ce qu'ils ne sont pas !

Il serait pourtant dommage de supprimer les objets qui se trouvent à sa portée dès qu'il commence à les jeter par terre. Jeter pour que vous ramassiez est le passe-temps favori du bébé quand il a découvert qu'il savait lancer. Dites-vous que, si tous les enfants traversent cette phase, c'est qu'elle est importante pour eux. Ils ne lancent pas les choses pour embêter leurs parents, mais pour s'exercer à une nouvelle compétence : ils sont tout simplement curieux de découvrir ce qui arrive aux choses que l'on jette.

Ils apprennent que les objets (et les gens) peuvent disparaître et revenir. Donc, lorsque maman s'en va, elle ne disparaît pas définitivement : elle aussi va revenir... Ils apprennent que l'on peut avoir un geste agressif envers les objets (ou les gens) sans qu'ils soient abîmés (ou qu'ils vous en veuillent). Enfin, l'aspect social du jeu – vous faire intervenir à intervalles réguliers pour lui rendre l'objet – le réjouit fortement.

Maintenant que vous avez compris pourquoi ce jeu est important pour votre enfant, acceptez par moments de jouer avec lui.

Pour faire évoluer le jeu

Fournissez à votre bébé des objets qu'il va pouvoir lancer sans risque et qui vont tomber de façons variées.

- Des objets qui roulent (bouteille en plastique, balle...) ou qui restent sur place (petit coussin, sable...).

- Des objets légers (plume, papier froissé, ballon gonflable...) qui tombent lentement et sans bruit, et des objets plus lourds (cube en bois, cuiller en métal...) qui tombent vite et bruyamment.

- Offrez-lui de s'entraîner à viser en plaçant devant sa chaise un grand récipient en plastique : plutôt que de ramasser dix fois le même objet ou dix objets épars, vous lui rendez d'un coup tout le contenu de la bassine.

- Déposez au fond de la bassine un objet en métal : le bruit produit l'amusera beaucoup.

- Lorsque le jeu a usé votre patience, attachez un objet « à lancer » à une extrémité d'un morceau de ficelle. Nouez l'autre extrémité à proximité de l'enfant, sur sa chaise ou la barrière de son parc. Il ne vous reste plus qu'à lui apprendre à récupérer l'objet en le hissant grâce à la ficelle.

Qu'est-ce qu'un bon jouet ?

Voilà une question difficile, tant la réponse varie selon que l'on se met à la place de l'enfant, du parent ou du psychologue. Nous allons tenter ici de donner quelques éléments de réponse.

❯ Les mille et une qualités des jouets

Pour les parents, un bon jouet est généralement celui qui fait beaucoup d'usage : l'enfant y joue souvent et longtemps. C'est aussi celui qui le fera progresser. Pour l'enfant, c'est sûrement, une fois le premier attrait passé, le jouet qui offre le plus de possibilités de jeux. À ce titre, le grand carton vide détient une sorte de record... Mais il y a aussi mille et une autres qualités dans un bon jouet.

- Un bon jouet correspond à son destinataire. Cela signifie que, s'il y a de mauvais jouets (parce qu'ils sont dangereux et inutiles), il y a peu de bons jouets dans l'absolu. Un jouet est bon pour tel enfant parce qu'il correspond bien à ses goûts et à son niveau de développement, mais sera moins bon pour tel autre. Donc, un bon jouet est avant tout un jouet choisi en fonction de celui à qui on le destine.

- Un bon jouet est un jouet étudié. Il a été conçu par des spécialistes (certains papas en sont d'excellents !) en fonction des enfants auxquels il est destiné et il a été testé sur des enfants. Il est solide, résistant, et parfaitement fiable sur le plan de la sécurité.

- Un bon jouet est simple. Il ne fait pas tout à la place de l'enfant. Au contraire, il laisse à l'enfant toute la place pour agir, concevoir et imaginer à partir du jouet. C'est l'enfant qui est l'initiateur et l'acteur du jeu, le jouet offrant seulement un support à son imagination.

- Un bon jouet est multi-usages. Il doit pouvoir servir de différentes façons, à différents usages. Selon l'humeur du moment de l'enfant, selon l'évolution de son développement, le jouet doit pouvoir évoluer. Par exemple, un camion-porteur est mieux s'il peut aussi servir de coffre à jouets, s'il fait « vroum-vroum » et si l'enfant peut prendre appui dessus pour se mettre debout.

- Le bon jouet, pour l'enfant, c'est celui que son père ou sa mère aura pris le temps de découvrir avec lui, celui qu'il aura « investi » de son attention et de son amour.

- Un bon jouet est étudié pour l'enfant. Il est destiné à un enfant particulier en fonction de son développement et de ses goûts. Il n'est pas destiné à lui faire faire des progrès mais à l'amuser et à servir de support à son imagination. Un bon jouet, c'est simple. Parce que moins le jouet en fait, et plus l'enfant devra être actif et inventif. C'est lui qui sera l'auteur du jeu. Alors que le jouet sophistiqué ne laisse plus assez de place à la créativité de l'enfant.

❯ Un attachement fort

Même très jeune, l'enfant s'attache à ses jouets. Dès qu'il est en âge de tenir dans la main un hochet ou une petite poupée, il les serre contre lui et proteste quand on tente de les lui enlever. Quand il découvre un nouveau jouet, il se l'approprie et s'y attache. S'il s'amuse à lancer loin de lui la tétine ou le nounours auquel il tient, c'est pour réclamer aussitôt qu'on le ramasse pour le lui rendre.

Certains enfants prennent l'habitude de regrouper leurs jouets autour d'eux, dans leur petit lit ou dans le parc, comme pour signifier : « Ceci est à moi, prière de ne pas y toucher. » Ils aiment avoir leurs jouets autour d'eux, à portée de main, notamment la nuit. C'est une sorte de rite qui les rassure, en leur donnant un sentiment de pérennité et de confiance.

Cet attachement est exclusif : l'enfant n'est pas prêteur. Ou, s'il prête, dans un jeu d'échanges, il réclame aussitôt ce qu'il vient de confier. Il y a donc bien un sentiment de propriété et un attache-ment très précoces de l'enfant à ses jouets, qu'il est important de respecter.

🢒 Le jouet, mode d'emploi

Les jouets doivent répondre à certains critères. Si, pour le jeu lui-même, le mieux peut se révéler l'ennemi du bien (couvrir de jouets un enfant n'est pas toujours la meilleure solution), il convient aussi de respecter scrupuleu-sement les consignes quand il s'agit de sécurité.

- N'offrez pas à votre enfant des jouets trop en avance sur son âge. Vous le mettriez en situation d'échec et de désarroi.

- N'encombrez pas sa chambre ou son lit d'une multitude de jouets. Un

Des jouets selon chaque âge

- **De 0 à 3 mois,** le bébé manipule peu, mais il explore longuement l'espace environnant avec ses yeux et ses oreilles. Un mouvement de rideau, un son qui se répète, un dessin sur le mur, tout fait jeu et mérite son attention. Pour ces tout premiers mois, un mobile avec des objets qui se balancent, un boulier suspendu à son lit, une boîte à musique capteront son attention.

- **De 3 à 6 mois,** le bébé attrape. Il va adorer tous les objets (hochets, anneaux de dentition, animaux en plastique) qu'il va pouvoir prendre dans la main, passer dans l'autre, mettre à la bouche, secouer, dont il pourra faire sortir un son, etc.

- **De 6 à 9 mois,** c'est l'âge où le bébé commence à jouer avec les balles, les cubes en tissu, les quilles, les boîtes en plastique, l'ours en peluche, tous les petits « bidules » amusants à manipuler et qui, si possible, produisent des bruits. Les jeux de bain se développent et prennent de l'importance. Les tableaux d'activités, accrochés aux barreaux du lit ou du parc, deviennent une bonne source d'entraînement manuel.

- **Les grands de 9 à 12 mois** apprécieront les porteurs, gros camions en plastique, chien ou cheval à roulettes, objets à tirer au bout d'une ficelle.

seul jouet suffit, que vous remplacez lorsque l'enfant se lasse.

• Trop de stimulations, des jouets trop bruyants ou trop lumineux, peuvent fatiguer un petit enfant.

• Choisissez des objets d'une taille adaptée. Évitez les grosses peluches. Pour les jouets, assurez-vous qu'une petite main peut les agripper.

La peluche

Il faut quelques mois avant que le bébé ne s'intéresse à ses peluches. Jusquelà, il est inutile d'encombrer son lit avec des animaux qui risqueraient de le déranger. Mais peu à peu, le bébé

Misez sur la sécurité

• N'achetez que des jouets conformes aux normes de sécurité. Ils portent le marquage CE ou le label NF.

• Sélectionnez les jouets qui correspondent à l'âge de l'enfant tel qu'il est défini par le fabricant.

• Ne confiez jamais à votre bébé d'objet trop petit, pointu, tranchant, cassant.

• Vérifiez régulièrement l'état des jouets, la solidité des attaches, les yeux des peluches, etc.

• Ne laissez jamais votre bébé jouer avec des sacs en plastique ou des emballages en polystyrène expansé.

• À moins d'être certain de tous les objets qui s'y trouvent, ne laissez jamais un bébé jouer seul dans une pièce, sans surveillance. Si c'est nécessaire, choisissez de l'installer pour un moment dans un parc.

va découvrir le plaisir de caresser, agripper, plonger ses petits doigts dans la fourrure, regarder dans les yeux, mâchouiller, câliner. Très vite, le jeune enfant va s'attacher à ses peluches, et il se peut que l'une ou l'autre devienne un vrai substitut maternel, source de consolation et de réconfort en cas de fatigue ou d'absence de maman. Le bébé va vouloir se coucher avec sa peluche dans ses bras, ou bien lui dire bonsoir. Des histoires d'amour se nouent là qui dureront parfois toute une vie (nombre d'adolescents ont encore leur ours en peluche).

Il arrive que l'enfant joue avec la peluche comme avec une poupée, mais, le plus souvent, elle sera un compagnon que l'on transporte partout avec soi, que l'on assied à table, que l'on emmène en promenade. Douce, consolatrice, elle deviendra vite et restera longtemps un compagnon privilégié. Pour un toutpetit, choisissez des peluches en petit nombre, de petite taille, très souples (il s'endormira dessus) et lavables.

Le premier livre

Les bébés adorent les livres. Dès six mois, vous serez surpris de l'intérêt qu'ils peuvent leur porter et du plaisir qu'ils prendront à les feuilleter avec vous. Les tout premiers livres sont en carton épais, en tissu ou en plastique (ils seront mis à la bouche et soumis à rude épreuve). Ils seront de simples imagiers ou des livres illustrés très simples.

Le panier à bidules

Dès que ses mains sont assez habiles, il n'a de cesse d'attraper, de secouer, tripoter, d'ouvrir, de fermer, de tourner, de glisser... bref, d'explorer les objets en tous sens et sous tous les angles. Et puis vider, remplir, vider encore, quelle joie ! Profitez-en pour lui procurer le meilleur des jouets, celui qui lui fera le plus d'usages : un carton ou un grand panier plein de « bidules ». Ses explorations nécessitent une grande variété d'objets, aussi ne vous limitez pas aux cubes, animaux couineurs ou autres hochets. Prévoyez également des objets de toutes les couleurs, textures ou formes.

Le parc

Investissement utile, le parc n'est cependant pas employé très longtemps. D'abord parce que le bébé va vite en faire le tour et ce n'est pas là qu'il va développer au mieux son intelligence avide de découvertes. Le parc est toutefois très utile quand vous ne pouvez pas surveiller votre bébé, car il le protège du danger. Vous êtes appelée au téléphone ? Vous devez aller dans une autre pièce ? Mettez votre bébé dans son parc, même s'il n'est pas d'accord. Un petit enfant n'a que très peu conscience des risques qu'il prend. Dans ce domaine, vous devez à la fois le protéger et tout lui enseigner. En vous souvenant qu'il n'apprendra que s'il peut faire ses propres expériences.

La naissance
du langage

C'est dès la naissance que se mettent
en place la trame de la communication
et les bases du langage. Au cours
de la première année, la plupart des
découvertes et des apprentissages du
bébé passent par les sens et par le corps :
l'enfant a besoin de manipuler pour
comprendre. Il explore et développe les
schémas de comportement nécessaires
à une intelligence pratique. C'est en
manipulant qu'il apprend à se repérer,
à distinguer l'habituel du différent
et à comprendre les séquences de
ses actions. Puis son adaptation
intellectuelle l'entraînera du concret
vers l'abstrait, du simple vers le
complexe, de l'objet réel à son symbole.

Vos premiers dialogues

Le contact face à face, les yeux dans les yeux, est vraiment important pour le bébé et il y est sensible dès sa naissance. Mais les premiers mots qu'il entend comptent aussi beaucoup.

◉ Le désir d'échanger

Pendant ses six premiers mois, le bébé émet des sons, il produit des mimiques et des gesticulations. Il est très important de l'introduire dans un tendre dialogue. La mère parle, pose une question à son bébé, puis elle se tait, quelques secondes, et le bébé « répond » à sa façon, avec les moyens dont il dispose.

Cette capacité à entrer en communication est sans doute la plus importante des « nouvelles compétences des bébés » que l'on a mises en évidence. Le bébé dispose d'une très grande sensibilité à percevoir et reconnaître ce qui vient de la mère (sa voix, son odeur, son contact, l'état d'esprit dans lequel elle se trouve). Cela lui ouvre une vaste gamme de comportements et d'émotions qui provoquent des comportements et des émotions en réponse chez la mère ou chez l'adulte qui s'occupe de l'enfant.

C'est une réaction en chaîne. L'équipement sensoriel très fin du bébé, sa sensibilité affective et sociale et les stimulations de l'entourage provoquent les conditions nécessaires pour que se mette en place un dialogue qui crée l'attachement. Cela conforte la mère dans son rôle et dans la certitude que son enfant l'aime. Cela conforte l'enfant dans la certitude d'être bienvenu, accueilli et aimé.

◉ Prendre l'habitude de dialoguer

Ne croyez pas ceux qui vous disent que votre bébé ne comprend pas quand vous lui parlez. Ces jeux de voix et ces échanges sont la base de son futur langage et de sa sécurité intérieure. Utilisez des mots simples, sans craindre de « parler bébé » si cela vous vient naturellement. Exagérez au besoin vos expressions et vos mimiques. Vous verrez votre bébé s'illuminer de plaisir et vous sourir. Vous le verrez aussi tenter d'imiter vos grimaces et vos expressions.

Pourquoi est-ce si important ? L'une des raisons est le plaisir que vous et votre enfant trouvez à ces tendres dialogues. Une autre est que c'est la seule façon de lui apprendre le langage !

Mettez-vous face à votre enfant pour qu'il voie bien votre visage et dialoguez avec lui, vous avec vos mots, lui avec ses gazouillis et ses sourires : c'est le meilleur moyen de l'habituer aux sons et aux mots de sa langue, mais aussi de lui enseigner les mimiques qui sont le langage non verbal de sa propre culture. Très vite, l'enfant saura déchiffrer sur votre visage le plaisir, l'amour, la tendresse, mais aussi l'agacement, la fatigue ou la colère !

L'importance de la parole

Encore trop de gens pensent qu'il est inutile, voire ridicule de parler à un bébé, dans la mesure où celui-ci ne vous comprend pas. Or, rien ne vous dit qu'il ne comprend pas ; s'il ne connaît pas précisément le sens des mots, il perçoit le contenu global à travers une interprétation très fine du « non-dit » que sont les intonations, les mimiques et le ton de la voix.

Et même s'il ne comprend pas, il faut lui parler, justement pour qu'il apprenne. L'aptitude au langage est présente chez tout être humain de façon innée. Il apprendra à parler sans difficulté pourvu qu'il ait trouvé autour de lui, à l'âge requis, la « parole » nécessaire, variée, tendre et porteuse de sens. Non seulement l'aptitude de base restera lettre morte si l'enfant n'est pas, dès son plus jeune âge, intégré dans un processus de communication verbale, mais en plus l'acquisition d'un bon langage est directement fonction de la quantité et de la qualité de celui qu'il aura entendu. Le langage, c'est ce qui fait de nous des êtres humains. Parler à l'enfant, c'est le respecter et l'intégrer dans la communauté humaine.

Parlez avec votre bébé

Vous pouvez parler avec votre bébé dans toutes les occasions où vous êtes avec lui. Lorsque vous faites quelque chose avec lui, comme l'habiller, le changer ou lui préparer son repas, parlez-lui de ce que vous faites.

Montrez-lui les objets qui vous entourent et nommez-les, expliquez-lui vos actes, posez-lui des questions et laissez-lui le temps de répondre. Il le fait avec une grande variété de sons et montre une attention soutenue qui vous pousse à continuer l'échange.

Ne craignez pas de vous répéter : c'est un facteur important de l'apprentissage et les enfants semblent souvent l'apprécier. Enfin, un dialogue n'est pas un flot de paroles ininterrompu : dites des mots vrais, qui ont un sens pour l'enfant, et sachez laisser des silences afin qu'il puisse prendre part à la « conversation ».

Le babillage

Ne vous étonnez pas d'entendre votre bébé parler tout seul, lorsqu'il est calme et tranquille dans son lit. Les sons qu'il produit l'amusent et le surprennent tant qu'il se sert de sa voix comme d'un instrument de musique. Lorsque vous l'entendrez vocaliser, dites-vous qu'il fait ses gammes.

Mais il n'est pas seul : il parle volontiers à ses jouets. Si vous avez mis un miroir contre son lit, il parle aussi probablement à son reflet, ce petit copain qui répond si bien aux mimiques qu'on lui adresse ! Puis il vous parle à vous, dès que vous vous installez face à lui et que vous entamez la conversation.

Les débuts du langage

Pour développer son langage, l'enfant a juste besoin d'un environnement riche qu'il peut explorer sans danger. Mais il ne faut pas oublier le rôle de la transmission culturelle et sociale.

◉ Favoriser la communication

Éveiller l'intelligence de son bébé, cela ne veut pas dire lui « enseigner » quoi que ce soit, mais l'introduire dans notre monde et l'aider à lui trouver du sens. Faire ensemble, nommer les objets et les actions, encourager tous les progrès, soutenir les tentatives, féliciter à la moindre réussite, voilà qui aide un bébé à se développer.

Il ne faut jamais oublier, dans ce domaine comme dans les autres, que tous les enfants sont différents et que le rythme de leurs acquisitions est très variable. Des périodes d'acquisitions sont suivies de phases de consolidations plus discrètes. À accompagner, échanger et jouer, on stimule l'intelligence de l'enfant. À vouloir le forcer, on risque de le bloquer.

Faut-il lui parler bébé ?

Avant de déterminer la façon dont il convient de parler à un bébé, je dirai qu'il y a seulement une nécessité à lui parler, tout simplement. Alors faut-il lui parler un langage de bébé ? Cela dépend uniquement de vous, si cela vous semble plus naturel. Votre enfant, lui, n'a pas d'*a priori*. Il n'aura pas plus de mal à comprendre « chat » que « minet », « main » que « mimine ». Il utilisera ce que vous utiliserez. S'il commence à dire « le oua-oua » au lieu de dire « le chien »,

c'est que ses cordes vocales sont encore immatures et que ce « oua-oua » signifie bien plus que le seul mot chien. Mais très vite, il l'abandonnera de lui-même au profit du bon mot si, au lieu de reprendre ce mot de bébé à votre compte, vous lui répondez : « Ah, oui, tu as bien reconnu le chien là-bas, bravo. »

Lui apprendre un mot « bébé » a un inconvénient : l'enfant devra un jour « désapprendre » ce mot pour employer le mot correct. Sans pour autant employer un vocabulaire et des tournures sophistiqués, il me semble toujours préférable d'utiliser le mot précis. L'essentiel est toujours de parler avec (et pas seulement « à ») votre enfant de façon naturelle, intéressée et en accord avec la réalité. Ne doutez pas qu'il vous comprenne.

Dites-lui qu'il est huit heures et qu'il ira bientôt se coucher, que son biberon sera vite prêt, que vous entendez son bain couler. Dites-lui comment s'appellent les parties de son corps ou les objets qui l'entourent. Confiez-lui que vous êtes fatiguée, que vous avez l'impression qu'il s'est enrhumé. Demandez-lui s'il aime ce légume ou s'il trouve que cette fleur sent bon. Dites-lui votre amour et que vous trouvez son nez ravissant, etc., au fil de la vie. Ce sont vos mots qui lui donnent le courage d'affronter une réalité bien mystérieuse et inquiétante. Ce sont vos propos rassurants qui l'aident à supporter l'attente et les frustrations de son existence.

En conclusion, rappelez-vous que le bébé a absolument besoin qu'on lui parle et qu'on l'écoute, en l'accompagnant, très jeune, dans ses gazouillis et dans ses productions vocales. Dans ces moments-là, il est important de savoir lui parler « bébé ». À côté de cela, il faut lui parler avec des mots et des phrases du langage courant. Comment l'apprendrait-il autrement ? Il ne s'agit nullement de le soûler de mots, de l'entourer d'un discours ininterrompu dans lequel il n'aurait pas sa place : on n'apprend pas à communiquer en écoutant la radio ! Il s'agit de s'adresser à lui pour lui parler de ce qui le concerne, des mots de sa vie.

◉ Ses premiers mots

L'apparition du langage chez le bébé a quelque chose de fascinant. Pendant plusieurs mois, on communique avec des signes non verbaux, faits de cris, de babillages et de gestes. Puis on sent qu'il comprend de mieux en mieux ce qu'on lui dit, même s'il s'exprime encore peu. Et enfin les premiers mots, maladroits et difficilement reconnaissables, apparaissent, ouvrant la voie à la parole et au vrai dialogue.

Les premières syllabes

Les productions du bébé sont d'abord limitées à l'émission de voyelles (*i*, *a*, *e*, *o*, *u*). Puis interviennent les consonnes, qui enrichissent le vocabulaire (*pi*, *pa*, *bi*, *bo*, *mo*, *ma*...). Comme certaines syllabes ressemblent à des mots que vous aimeriez lui entendre prononcer (*pa* pour papa, *ma* pour maman), vous allez, parfois inconsciemment, renforcer

la production de ces syllabes. Au point que votre bébé s'en servira bientôt pour vous appeler. Enfin, il s'exerce à imiter vos intonations ou vos accents. Vous les reconnaîtrez, aussi clairement que lorsque vous faites semblant de parler une langue étrangère : lui aussi, il connaît l'air avant d'avoir les paroles...

Assez vite commencent à apparaître d'importantes différences d'un enfant à l'autre dans l'utilisation du langage. Mais ces différences n'ont pas une grande valeur concernant l'avenir. L'essentiel est que l'enfant sache communiquer et qu'il puisse faire comprendre ce qu'il désire ou ce qu'il refuse.

Comment viennent les premiers mots ?

Le bébé qui joue à prononcer « papapa... » ou « mamama... » perçoit vite le plaisir et les encouragements de son père et de sa mère, heureux d'être nommés. Ces réactions parentales viennent renforcer les syllabes qui vont ainsi devenir importantes, alors que l'absence de réaction à « tututu... », par exemple,

De vrais mots

Certains bébés, avant un an, disposent déjà de quelques mots intelligibles qui ont acquis une signification précise, même s'ils sont incorrects, ne correspondent pas à des mots réels ou sont imparfaitement prononcés. Un même mot, « sa » pour « chat » par exemple, peut signifier « voilà le chat », « où est le chat ? », « est-ce que cet animal est un chat ? », etc.

Apprendre à nommer

L'utilisation plus poussée des livres, pour apprendre du vocabulaire ou raconter une histoire, suppose que votre enfant a déjà fait une acquisition fondamentale : savoir ce que désigner veut dire. Lorsqu'il saura que le mot «biberon» sert à évoquer l'objet en son absence, qu'il désigne à la fois l'objet concret dans lequel il boit son lait et la représentation imagée qu'il peut en trouver dans un livre, alors il aura fait un grand pas. L'usage de l'imagier deviendra possible et les livres prendront dès ce moment une tout autre signification. Il s'agira désormais de bien davantage que la simple satisfaction d'un goût pour des couleurs et des formes variées.

finira par entraîner son extinction dans le langage de communication. L'enfant, encouragé par la réponse apportée à «mamama...», redira les mêmes sons pour produire les mêmes effets. Enfin, il s'en servira pour faire venir ses parents en leur absence. Nous sommes encore loin d'un véritable langage où l'enfant pourra exprimer avec des mots ce qu'il souhaite communiquer, mais c'est là le début tout à fait évident.

Il ne faut cependant pas confondre ce que les jeunes enfants sont capables de dire et ce qu'ils sont à même de comprendre. En effet, si le «langage actif», soit ce que l'enfant émet, est fonction de la maturité de son système phonatoire et nécessite un long entraînement, le «langage passif», soit ce que

l'enfant est capable de comprendre, est beaucoup plus vaste qu'on ne l'imagine.

Vers la fin de la première année, l'enfant connaît le rôle symbolique des mots : il sait qu'ils permettent de nommer l'objet présent, mais également d'évoquer l'objet absent ou de nommer sa représentation imagée. Il a un grand vocabulaire, composé de noms communs simples, mais aussi d'actions, d'adverbes et d'idées. Il est capable d'obéir à des demandes comme «attraper le pull bleu qui est sur la chaise», ce qui suppose déjà une compréhension d'une grande complexité.

⊙ Lui parler deux langues

Pour l'enfant très jeune, la question du bilinguisme se réfère généralement à deux situations. Soit l'enfant est né de deux parents de langue maternelle différente et chacun souhaite parler la sienne au bébé, soit il est issu d'une famille où «la langue du dedans», celle parlée à la maison, est différente de «la langue du dehors», celle parlée à l'extérieur, dans la société, à la télévision, à la crèche, etc. Dans beaucoup de pays et à beaucoup d'époques, les enfants étaient ou sont culturellement bilingues. Dans tous les cas, et même si l'image du bilinguisme a longtemps été négative, c'est une chance pour l'enfant.

Beaucoup de parents se demandent s'il est bon de parler deux langues à leur bébé et si cela ne nuira pas à ses apprentissages ou à son équilibre. Les études récentes montrent que le bilinguisme n'est pas source de confusion ni de retard scolaire, à condition qu'aucune des deux langues – et la culture qu'elles traduisent – ne soit dévalorisée par la famille ou par l'environnement. Sinon, l'enfant pourrait ressentir le désir de renier sa langue d'origine pour adopter sa culture d'accueil – ce qui ne se fait jamais sans une réelle souffrance.

Les bébés ont une prédisposition innée pour les langues. La structure de leur pensée et celle de leurs cordes vocales vont se déterminer en fonction de la langue maternelle entendue et parlée. C'est ainsi que l'on explique qu'une langue apprise une fois l'enfance passée ne pourra jamais l'être parfaitement. On comprend dès lors la richesse que peut constituer pour l'enfant la possibilité de ne pas être rigidifié dans un seul système de pensée et de parole. À l'ère de la communication, on peut dire que les enfants à qui leurs parents ont très tôt parlé deux langues ont de la chance, car ils ont appris sans effort ce qui demandera des années de travail à d'autres.

Faire preuve de patience

Apprendre à maîtriser deux langues présente malgré tout une difficulté supplémentaire pour l'enfant. Aussi, faire preuve de patience et de compréhension est indispensable. Mais si les choses se font naturellement et qu'on n'attend de sa part aucun exploit, il n'y a pas d'âge minimum pour commencer. Pour que le bébé apprenne simultanément les deux langues, sans rejet à terme, deux règles semblent importantes. D'une part, il faut que chacun des parents parle à l'enfant dans la langue où il se sent à l'aise, pour ne pas nuire à la communication. D'autre part, il faudra laisser l'enfant, lorsqu'il parlera, employer la langue de son choix. Il semble néanmoins que les cas où les parents parlent la même langue,

et où l'enfant en apprend une seconde au-dehors (nourrice, garderie, crèche, etc.), soient plus faciles à gérer pour lui. La distinction entre la langue familiale, maternelle, et la langue sociale, extérieure, est plus simple à faire. À condition de ne pas oublier, pour ceux qui accueillent les enfants migrants par exemple, que valoriser la langue et la culture d'origine est le premier pas, fondamental, si on veut que l'enfant s'épanouisse et soit fier de son histoire.

Un être
social

C'est grâce à l'amour et au respect que l'enfant pourra s'épanouir, s'éveiller à la vie et partir à la découverte du monde. Tout petit, le bébé a besoin de contacts physiques : se sentir bercé, caressé, enveloppé. Il bâtit ainsi tout son monde sensoriel et les bases de sa culture. Puis, lorsqu'il grandit, il a besoin que sa mère sache mettre une certaine distance entre eux. Il apprendra progressivement à s'individualiser. Parce que sa mère n'est pas parfaite ni toujours disponible, il va devenir autonome et apprendre à se débrouiller par lui-même. Au fil des mois et des années, il découvrira la place qui est la sienne au sein de sa famille et les règles qu'il doit suivre.

Les besoins affectifs

L'attachement à la mère (ou à la personne qui la remplace) est un besoin fondamental pour la structuration de la personnalité de l'enfant. On peut dire aussi que l'amour et la tendresse sont la réponse adaptée aux situations de détresse.

❯ Les tendres câlins

Durant neuf mois, le bébé, dont les moyens physiologiques étaient comblés, vivait dans une relation avec sa mère d'une totale complicité, bercé par ses déplacements, charmé par sa voix, caressé par le liquide amniotique. La naissance, «en expulsant» le bébé, va interrompre cette proximité. La mère et le bébé vont alors, pour rester proches et prolonger le corps à corps, devoir inventer une nouvelle tendresse.

Souvent, les jeunes mammifères s'agrippent à la fourrure de leur mère et se tiennent ainsi en étroit contact avec elle. Les mains des bébés, elles aussi, s'agrippent au moindre contact, témoignant du même désir. Mamans, ne vous privez pas de tout ce qui permet de tenir votre bébé au plus proche, au plus chaud, tout contre vous (porte-bébé, châle...). Par ce contact corporel rassurant, le bébé se sent protégé. Le corps de sa mère l'aide à trouver les limites de son propre corps. La confiance en sa mère vient lui donner confiance en lui.

L'enfant va se construire en mettant à l'intérieur de lui les sensations, les expériences, ce qu'il aura vécu par l'intermédiaire du corps de sa mère. Le confort que sa mère lui apporte, tous les moments de tendresse et de jeu, de complicité autour du repas, au biberon comme au sein, toutes ces merveilleuses expériences donnent à l'enfant l'image d'un monde où il fait bon vivre. Parce qu'il peut aimer et être aimé sans risque, il va peu à peu partir avec confiance à la découverte du monde qui l'entoure et accepter, pour cela, de s'éloigner de sa mère.

Un besoin d'affection

À l'inverse, l'enfant privé d'affection, qu'on laisse trop souvent face à sa souffrance, risque de se refermer sur lui-même et de se désespérer. S'il pleure, c'est qu'il a quelque chose à vous dire. Si personne n'entend, il commencera par se mettre en rage, puis cessera même de communiquer. À quoi bon? Quel message transmet-on à un jeune enfant lorsqu'on ne le soutient pas dans ses moments difficiles? Il se sent abandonné, amer: comment lui ferez-vous croire que vous l'aimez et que la vie est belle?

Votre enfant pleure, il a besoin de votre contact, de votre odeur, de votre voix, de votre amour. Spontanément, vous avez envie de lui porter secours et de le soulager. C'est vous qui avez raison. Il vous parle: répondez-lui. Il a faim: nourrissez-le. Il a besoin de compagnie: prenez-le dans la pièce où vous êtes et faites-lui la conversation. Il veut vos bras: câlinez-le. Un bébé réagit comme un bébé: il n'est nullement temps de le dresser ou de l'entraîner à supporter les frustrations de l'existence.

D'autant que les frustrations ne manquent pas... Dès la naissance, le bébé a expérimenté que son père et sa mère n'étaient pas tout le temps à sa disposition. Malgré toute leur bonne volonté, il y a un moment où ils se douchent, où ils mangent, où ils travaillent... Bref, où ils s'occupent d'autre chose que du bébé. Même si c'est le moment où lui aurait voulu de la compagnie. D'ailleurs ne voudrait-il pas toujours de la compagnie et être tenu dans les bras ? C'est impossible – et tant mieux. L'enfant apprend ainsi progressivement que les autres ne sont pas à sa disposition exclusive, qu'il n'est pas le centre du monde, qu'il peut apprendre à mieux communiquer pour exprimer ses envies et, surtout, qu'il peut devenir autonome pour satisfaire ses propres besoins – ou du moins les différer. Les mots tout simples que les parents prononcent, par exemple : « Je suis occupé, j'arrive dans une minute » aident l'enfant à se constituer comme une personne à part entière.

◯ Le débuts des angoisses

Vers 8-10 mois, voilà que votre bébé, jusqu'ici sociable et aventureux, se met à avoir peur de tout et de chacun. Dès qu'un étranger approche, il se colle à vous. On lui parle ? Il se détourne. Pour peu que l'inconnu le regarde un peu trop directement, il se met à crier, ou même à pleurer si éclate soudainement un brusque éclat de rire ou un gros éternuement. Il ne disait rien lorsque vous le laissiez le matin ? Voilà maintenant qu'il fond en larmes et semble désespéré.

Tous les enfants ne marquent pas avec la même intensité cette attitude de peur des étrangers et de repli angoissé sur leur mère. Chez certains, cette crise

sera brève (cinq ou six mois) ou à peine marquée. Chez d'autres, elle pourra commencer plus tard mais durer un an. Ces variations quant à la date du début des angoisses, à leur durée ou à leur intensité sont absolument normales. Elles dépendent de l'enfant, de son caractère. Mais elles dépendent également du mode de vie et du mode de garde du bébé.

On observe que les enfants régulièrement gardés en crèche ou chez une assistante maternelle vivent cette crise de façon plus discrète : ils ont l'habitude des têtes nouvelles, ils sont très sociables et ils ont appris progressivement que, même si maman s'en va, on la retrouve un peu plus tard.

L'origine de ces angoisses

La crise d'angoisse du huitième mois est normale et qu'elle annonce une nouvelle étape dans le développement de votre enfant. Elle passera doucement si vous êtes à ses côtés pour le rassurer et lui donner confiance.

Quelles raisons expliquent les changements intervenant chez les petits enfants de cet âge ? Il y en a plusieurs.

• L'enfant est en phase d'exploration intense. Cela comble son besoin de découvrir et d'aborder l'inconnu. Il a besoin pour cela de se sentir en confiance et en pays connu. Tout changement dans cet environnement, matériel ou humain, rend les choses bien difficiles.

• Le bébé reconnaît de mieux en mieux les visages. Il sait différencier les personnes et faire la part entre les connus et les inconnus. D'où de

Un être social

151

nouvelles inquiétudes qui n'existaient pas jusque-là.

- Le bébé se rend maintenant parfaitement compte des départs de sa mère, mais il n'est pas encore convaincu qu'elle reviendra. Il hurle lorsqu'elle s'éloigne parce qu'il craint de la perdre. Au cours des semaines qui viennent, il apprendra la permanence des objets : si le jouet que je ne vois plus continue d'exister, alors maman aussi continue d'exister et elle reviendra. Ses angoisses se calmeront donc progressivement.

◯ Grandir affectivement

Les bébés ne naissent pas avec des qualités et des défauts. Ils naissent avec un équipement parfait pour entrer en contact, avec un besoin d'aide pour survivre et avec des comportements qui varient beaucoup d'un bébé à un autre. Selon la façon dont on répondra à ces comportements, ils évolueront d'une manière ou d'une autre. Certains, dès les premiers jours, semblent pleurer davantage, ou sourient rapidement, ou tètent difficilement...

La mère, face à son bébé, va répondre. Si elle a l'impression de le comprendre, de lui faire du bien, d'être compétente, la relation entre eux va se développer harmonieusement. Si elle ne le comprend pas, ne parvient pas à apaiser ses pleurs, devient anxieuse, le bébé va réagir par de nouveaux pleurs et sera trop vite rangé dans la catégorie des bébés « difficiles ».

Le pouvoir des étiquettes

Les parents doivent se méfier du pouvoir des étiquettes. Les paroles du médecin lors des auscultations prénatales ont déjà tout un poids. Les parents sont si attentifs, si impatients que des phrases comme « Celui-là, il bouge bien, ce sera un nerveux » ou « Avec celle-là, vous n'avez pas fini d'en voir », quand ce n'est pas « La tête est un peu grosse par rapport à la moyenne », peuvent avoir un effet certain. De même à la naissance, où sage-femme et médecin-accoucheur tiennent la place des fées d'autrefois et où leurs paroles sont de vrais oracles. Malheureusement, on entend parfois des réflexions comme « Beau bébé, mais un peu petit », « Quelle voix, on sent qu'il aime crier ! », etc.

Il n'existe pas de bébés capricieux, gâtés, têtus... Mais si les parents ont collé cette étiquette sur le comportement de leur enfant, il y a effectivement des risques pour qu'à terme il le devienne.

Quand on dit...

..c'est un bébé difficile

On nomme généralement ainsi un bébé qui pleure beaucoup sans cause apparente, et qui ne se laisse pas calmer par les moyens habituels. Sa mère se sent vite épuisée nerveusement, incompétente, voire coupable d'elle ne sait quoi. C'est le cercle vicieux.

La solution consiste à retrouver sa confiance en soi et son calme, en confiant par exemple le bébé quelques heures à son père, à une grand-mère ou à une garderie. Montrer au bébé sa compassion et son amour, tout en gardant son sourire et en attendant des jours meilleurs qui ne tarderont pas à arriver...

..il ne réclame jamais

Celui-ci peut sembler plus facile, mais il ne satisfait pas les parents qui voudraient profiter davantage de sa présence. Il n'est pas question d'empêcher ce bébé de dormir, mais il est nécessaire de profiter de tous ses moments d'éveil.

À l'inverse, le bébé qui dort très peu est très gratifiant sur le plan social, mais vite épuisant par l'attention qu'il demande. Il aura vite besoin que l'on remplisse son lit de joujoux et d'objets qui pourront l'occuper quelque temps.

..il n'est jamais content

Irritable, facilement en colère, même manger ou prendre son bain ne semble pas être un plaisir pour ce bébé-là. Souvent tendu, il s'endort difficilement. Il craint les bruits et les mouvements brusques.

Ce bébé a besoin de calme et de régularité. Son attitude n'est pas un rejet de vous, mais une difficulté à s'adapter à ce monde. La solution consiste à rendre son environnement aussi tendre, douillet, rassurant, gai et calme que possible. Nourri à la demande, câliné beaucoup, il finira par trouver sa joie de vivre.

Quel que soit le caractère de votre bébé dans ses premiers mois, sachez que rien n'est joué. Il va s'adapter, évoluer, trouver ses marques et vite devenir un joyeux compagnon.

On ne peut nier, cependant, que certains bébés soient plus « faciles » que d'autres, et cela très rapidement après la naissance. Une étude déjà ancienne (mais les bébés ne changent pas si vite que cela !) évaluait qu'environ la moitié des bébés étaient des enfants « faciles »

(à comprendre, à satisfaire, etc.). Un quart était facile dans la routine mais vivait mal tout changement dans leur emploi du temps. Le dernier quart était difficile : pleurs fréquents, appétit capricieux, sommeil court et irrégulier, hypersensibilité à l'environnement. Parfois, on finit par détecter une raison à ces comportements : allergie au lait de vache, maladie non repérée ou reflux douloureux. Mais, la plupart du temps, il s'agit simplement de bébés qui ont besoin de plus d'attention que d'autres. S'adapter à notre monde leur pose problème et il ont besoin d'y être aidés avec patience et délicatesse, dans une grande régularité de vie et beaucoup de calme. Avec le temps, ces bébés aussi deviennent de charmants bambins !

Un être social

Les bases de la discipline

On ne peut pas laisser son enfant tout faire. L'éduquer, c'est lui montrer quels sont les comportements souhaitables et ceux qui ne le sont pas.

● Savoir dire non

Il est sécurisant pour l'enfant de sentir que l'adulte sait ce qui est bien et ce qui est mal. C'est un garde-fou qui lui apprend à se maîtriser et l'aide à exercer sa liberté de façon responsable. Rappelez-vous toutefois que les interdits, pour être compris et acceptés, doivent être logiques, cohérents et suivis d'effet. Ce qui est interdit un jour doit l'être aussi le lendemain. Mieux vaut peu d'interdits que vous faites respecter, que beaucoup sur lesquels l'enfant vous aura « à l'usure ».

Comment dire non ?

Un enfant acceptera mieux le non si :

- vous joignez le geste à la parole et entraînez doucement votre bébé loin de ses tentations ;

À savoir

Un jeune enfant n'agit jamais par méchanceté ou pour vous embêter. S'il râle, c'est qu'il est fatigué ou qu'il couve un rhume. S'il touche à tout, c'est qu'il est curieux et intelligent. S'il recommence après que vous le lui avez interdit, c'est que le désir est trop fort ou qu'il veut vous tester. Savoir cela, c'est déjà réagir autrement.

- vous l'exprimez fermement, en le regardant dans les yeux ;

- vous lui offrez une solution de remplacement qui, elle, est permise. Par exemple, vous lui retirez le magazine qu'il est en train de déchirer, mais vous lui confiez un vieux catalogue qu'il peut arracher à loisir. Ou vous dites non à la main qui agrippe et tire les poils du chien, mais oui à la caresse, paume ouverte.

Si l'enfant recommence, dites non à nouveau. Dans un rapport de confiance et d'affection, n'ayez pas peur d'affirmer vos choix avec calme, fermeté et constance...

● Les interdits

Quel que soit le soin avec lequel vous avez aménagé votre intérieur en fonction de votre bébé, il reste des comportements qu'il va falloir interdire. Précisons tout de suite que plus son environnement sera varié et stimulant, plus le bébé se sentira heureux.

Qu'allez-vous interdire ?

Cela dépend de vous et de votre capacité de tolérance. Au minimum, vous interdirez tout ce qui présente un danger direct pour l'enfant : fils électriques, prises de courant, porte du four, plaques électriques, objets cassables (en verre) ou pointus, petits objets (risque d'étouffements), etc.

Il est aussi tout à fait légitime d'interdire à votre enfant de toucher à certains objets que vous ne pouvez mettre sous clé, mais qu'il pourrait abîmer : chaîne stéréo, téléviseur, livres, canapé en cuir clair, etc. On entre là dans les « interdits de confort », auxquels certains ajoutent l'interdiction d'entrer dans telle ou telle pièce (le plus souvent le salon ou la cuisine). Au moment de décider ce que vous allez tolérer et interdire, vous devez réfléchir aux points suivants :

• plus vous aurez d'interdits, plus ils seront difficiles à faire respecter. Mieux vaut en avoir peu, mais être ferme ;

• ce qui est interdit le lundi doit l'être aussi le mardi, ou une heure plus tard. De même pour ce qui est permis. Ce n'est qu'ainsi que votre enfant apprendra vite à s'y retrouver et à respecter vos règles. Il est donc fortement déconseillé de se faire avoir « à l'usure » ;

• un enfant à qui trop de choses ou d'expériences sont interdites, qui doit sans cesse réprimer son énergie et son désir d'activité finit par devenir soit très agressif, soit inactif et éteint ;

• ce que vous interdisez doit être raisonnable et cohérent.

Il est normal que l'enfant retourne, tout de suite ou plus tard, vers ce que vous avez interdit. Il le fera parfois en vous regardant droit dans les yeux et un sourire aux lèvres. Au-delà de l'attirance pour cet objet, il veut vérifier le sens et la valeur de votre parole. D'où l'importance de répéter le non, fermement et à chaque tentative. Il ne doit pas douter de votre détermination. C'est vous l'adulte et vous ne devez pas lui laisser

croire qu'il pourrait être « seul maître à bord ».

Éduquer, non pas dresser

Vous ne devez pas oublier que le but de votre éducation n'est pas de faire de votre bébé un enfant d'une obéissance aveugle et sage comme une peluche, mais un enfant heureux et ouvert. Il acceptera vos interdits s'il les sent justifiés et adaptés à son âge. Il vous obéira pour vous faire plaisir si vous savez créer avec lui des rapports de confiance et si vous lui parlez calmement, sans désir de lui imposer à tout prix votre volonté. Sachez enfin qu'il est sécurisant pour un enfant de savoir que quelqu'un veille, quelqu'un qui sait où il va et peut lui servir de garde-fou. Dans discipline, il y a disciple : lui apprendre à se maîtriser et à refréner certains élans, c'est aussi lui apprendre à exercer sa liberté de façon responsable.

● Savoir dire stop

En même temps que votre bébé découvre la possibilité de vous dire non (et il ne va pas s'en priver…), il va tenter de comprendre le sens exact du vôtre. Est-ce juste un refus en passant ? Est-ce un vrai non définitif ? Est-ce un non qu'il peut, à force d'obstination, transformer en oui ? Ce non, quelles sont ses limites (et donc les vôtres) ? Afin de répondre à ces questions, fondamentales pour lui, votre bébé va mettre rudement votre patience à l'épreuve. Face à cette situation, j'ai pu observer deux attitudes différentes chez les parents.

• La première consiste à commencer par dire non à l'enfant. Puis, parce qu'il insiste pour la dixième fois ou parce qu'il hurle, finir par dire oui, lassés et culpabilisés de lui refuser ce à quoi il semble tant tenir. Qu'a appris l'enfant ? Qu'à force d'insister et de crier, il obtiendra tout ce qu'il voudra. Qu'il est plus fort que vous. Si c'est la méthode que vous appliquez, vous n'êtes pas au bout de vos peines !

• La seconde consiste en une attitude inverse. Commencer par faire preuve de patience et de compréhension et offrir au bébé la possibilité de changer d'attitude, par exemple en lui trouvant une activité ou un dérivatif. Puis, dans un second temps, si le bébé insiste vraiment et semble vouloir entamer l'épreuve de force, dire non avec fermeté. Ce qui peut impliquer, s'il n'obéit pas, de hausser la voix ou de l'enfermer quelques minutes dans sa chambre. C'est plus efficace.

⊙ Les fessées

Il arrive que votre bébé mette vos nerfs à rude épreuve. Les parents d'un bébé qui pleure la nuit et qui vivent dans un immeuble sonore me comprendront. Les parents du bébé « qui ne veut rien manger » aussi. Une fessée parce que « comme ça tu sauras pourquoi tu pleures » vous démange parfois le bout des doigts. Pourtant, disons-le tout net : cela est aussi dangereux qu'inutile. Votre bébé ne comprendra pas la raison de votre geste et, au-delà de la douleur, en sera très malheureux. Vous, sous le coup de l'énervement, vous aurez parfois du mal à contrôler votre force. C'est toujours un échec.

Si votre enfant pleure de façon excessive, il a une raison pour cela qu'il est important de comprendre. Une fessée ou une gigle ne servira à rien qu'à soulager ponctuellement la tension

de celui qui la donne. Pour faire place ensuite à la culpabilité. Même une tape sur les fesses pour sanctionner une bêtise n'a de valeur éducative que si elle est accompagnée d'une explication donnée d'une voix calme.

Si vous vous trouvez dans une situation de nervosité et d'épuisement tels que vous sentez que vous pourriez frapper votre bébé, il est indispensable de vous faire aider et de prendre du repos. Sur le moment, vous pouvez essayer les « trucs » suivants : vous isoler dans une autre pièce ou aller marcher, attraper un oreiller et passer vos nerfs dessus, vous mettre à la fenêtre et respirer profondément...

Si vous vous êtes fâché très fort contre votre bébé et que vous l'avez frappé, réconciliez-vous dès que possible, faites la paix, prenez votre enfant dans vos

Le syndrome du bébé secoué

Aujourd'hui en France, des centaines d'enfants de moins de deux ans sont victimes de secousses violentes infligées par des adultes : des dizaines d'entre eux décèdent et une grande partie gardera des séquelles très graves. Ces bébés ont été secoués par des adultes épuisés, à bout de nerfs, ne sachant plus que faire pour arrêter les pleurs. Ne voulant pas frapper, ils secouent le bébé. Mais ce simple geste peut avoir des répercussions très graves sur son cerveau encore immature. Une telle information doit être connue de tous ceux qui se trouvent en situation de garder un bébé : il ne faut jamais secouer sa tête. Ce geste peut être mortel.

bras et expliquez-lui, avec des mots, la vérité de la situation : la fatigue, l'énervement, la peur. Mais aussi votre amour que rien n'entamera.

● Face au danger

Le très jeune enfant n'a pas une conscience du danger semblable à la nôtre. Ses instincts, contrairement à ceux de certains animaux, ne l'avertissent pas qu'il est en train de prendre un grand risque et que, s'il tombait de la table, il se ferait très mal. Tout cela, ses parents vont devoir le lui apprendre. Ils vont lui dire ce qui est permis et ce qui ne l'est pas, ce qui est risqué et ce qui ne l'est pas, ce qui peut être tenté en faisant attention et ce qui est dangereux.

Laissez-le expérimenter

Un enfant à qui on aurait sans cesse tout interdit sous prétexte que c'est dangereux risque de ne plus s'aventurer nulle part et de rester confiné dans son coin. Or ce n'est pas comme cela que l'on apprend à marcher, à courir, à sauter ou à faire du vélo. D'ailleurs, il se peut que l'enfant ne tombe pas. Ou bien qu'il tombe sans se faire de mal mais que cela lui apprenne pour une prochaine fois. Vous ne pourrez pas lui éviter toutes les plaies et bosses. Une fois que vous avez aménagé l'espace de la façon la plus sûre possible, il faut bien laisser l'enfant expérimenter, sans relâcher votre attention : il gagnera en habileté physique et en sens du danger.

La leçon retenue par l'enfant

Qu'a appris l'enfant ? Que vous le laissez libre d'explorer l'espace, mais que vous êtes attentive à ses comportements. Que

vous ne l'accablez pas d'ordres et d'interdictions, mais que ceux qui sont donnés doivent être obéis. Que vous savez ce que vous faites et êtes prête à le faire appliquer. Qu'il peut avoir confiance en vous, cela lui permettra de se sentir en sécurité.

La sécurité
du bébé

Même si les risques augmentent
lorsque l'enfant se déplace seul, les
tout jeunes bébés sont eux aussi
touchés par les accidents domestiques.
Certains pourraient facilement être
évités, à condition de bien évaluer les
dangers et de prendre les précautions
indispensables pour assurer la sécurité
des enfants. Mais il faut aussi rappeler
que les petits accidents font partie de la
vie. Il n'y a pas de découverte de l'espace
et de l'équilibre sans prise de risques
et conscience progressive du danger. Il
est donc vain, et il serait dommageable
pour le développement psycho-corporel
du jeune enfant, de vouloir lui épargner
tous les bleus et les bosses.

Les dangers de la maison

Une majorité des accidents graves peuvent être évités. De la naissance à un an, il s'agit essentiellement de contrôler l'environnement de l'enfant en le rendant le plus sécurisé possible. Il convient aussi de surveiller le bébé, qui doit être accompagné dans ses tentatives et ses explorations.

➲ Les petits objets

À partir de quatre mois, votre bébé fait de gros progrès en matière de préhension. Tout ce qu'il attrape, il le porte à sa bouche. Vous devez redoubler de vigilance en ce qui concerne sa sécurité.

Ne lui laissez aucun objet qu'il pourrait avaler, mettre dans son nez ou dans ses oreilles. Assurez-vous, avant de confier un jouet à votre enfant, qu'il ne présente aucun danger.

Les jouets du commerce sont soumis à des contrôles et à des règlements très stricts qui les rendent pour la plupart inoffensifs, mais méfiez-vous cependant des yeux des peluches qui pourraient s'arracher ainsi que des grelots ou des sifflets présents dans les hochets et les peluches. Faites encore plus attention aux jouets que vous avez fabriqués vous-même, aux jouets des aînés qui peuvent comporter des petites pièces et aux objets que vous avez détournés de leur utilisation pour en faire des jouets.

➲ Des dangers qui varient selon l'âge

Tant que le bébé reste à l'endroit où on le pose, les risques concernant sa sécurité sont limités. Cependant, dès sa naissance il faut prendre un certain nombre de précautions.

De la naissance à 3 mois

- Le lit est le lieu où le nouveau-né passe le plus de temps. Il doit donc être absolument sûr. Pour cela, bannissez les couvertures, les draps et les oreillers. Préférez la gigoteuse à la couette et privilégiez un matelas ferme.

- Ne laissez aucune chaîne autour du cou du bébé.

- Posez toujours son couffin par terre, jamais sur une table. Vérifiez régulièrement la sécurité de ses poignées.

- Pour éviter l'hyperthermie, n'habillez pas votre bébé trop chaudement et ne

---

Des risques variés

Il existe d'autres risques que celui d'avaler un petit objet :

• certaines peintures qui recouvrent les objets contiennent parfois du plomb et les avaler est très dangereux ;

• attention à ce qui pourrait se casser (objets en verre), le faire suffoquer (sacs en plastique, coussins...), l'étrangler (ficelles, grands élastiques...), le blesser (angles vifs) ou l'empoisonner (restes de nourriture contenant des germes...).

le couvrez pas trop lorsqu'il dort, ou en voiture.

• Le lait d'un biberon chauffé au micro-ondes peut être brûlant sans que vous vous en rendiez compte : faites absolument couler quelques gouttes sur le dos de votre main pour tester la température du liquide avant de le donner à votre bébé.

De 3 à 6 mois

• Quand votre bébé commence seulement à tenir assis, mais sans stabilité, veillez à l'entourer toujours de gros coussins qui éviteront qu'il se heurte la tête en basculant.

• Le bain commence à devenir un moment de plaisir pour le bébé. Contrôlez toujours avec un thermomètre de bain (plus fiable que la main ou le coude) que l'eau est n'est ni trop chaude, ni trop froide. Une température de 37 à 38 °C est correct pour le bain de bébé.

• Les chutes de la table à langer sont le risque essentiel à cette période. Seule prévention : gardez toujours une main sur votre bébé lorsqu'il est sur la table à langer. Si vous devez vous éloigner, posez le bébé par terre, dans une serviette. Il ne peut être laissé seul quelques minutes que sur le sol, nettoyé de tous les objets dangereux, et dans son lit à barreaux ou dans son parc, c'est-à-dire dans des lieux parfaitement sûrs.

• Les trajets en voiture peuvent être source de danger. Ne tenez jamais votre bébé sur vos genoux pendant les trajets : il n'est protégé que dans un siège ou dans un lit-auto homologués. Ne laissez jamais un bébé seul dans une voiture : il peut attraper un coup de chaleur très dangereux. En trajet, ayez toujours un biberon d'eau à portée de la main.

• Le bébé commence à porter à la bouche. Ne mettez près de lui que des hochets ou des jouets qu'il peut sans risque porter à la bouche. Attention aux yeux des vieilles peluches et aux billes des aînés !

De 6 à 9 mois

• Les risques d'étouffement restent prédominants. Tant que l'enfant porte tout à la bouche, faites très attention à tous les petits objets qui sont à sa portée.

• Le bain peut être à l'origine d'une noyade, même avec très peu d'eau. Quelques secondes suffisent. Aussi ne laissez jamais le bébé seul dans la baignoire.

• L'enfant bouge, se déplace, se met debout. C'est le moment d'équiper la maison : protections pour angles de meubles, fixation des étagères, barrières pour escalier, cache-prise, etc.

De 9 mois à 1 an

- Le bébé peut désormais se déplacer très rapidement. Vous ne savez pas toujours dans quelle pièce il est. Aussi toute la maison doit-elle être passée en revue en fonction de la sécurité de l'enfant. Pas de produits d'entretien ou de médicaments dans un placard non fermé à clé sauf s'ils sont rangés en hauteur.

- L'enfant est très intéressé par l'électricité, les fils, les petits trous des prises. Utilisez des prises spéciales et ne laissez jamais traîner de rallonge électrique.

- Vérifiez de façon régulière l'état des jouets de l'enfant. Ne le laissez pas jouer avec les jouets d'un enfant plus grand sans surveillance.

◉ Assurer la sécurité

- Ne vous laissez pas surprendre par les progrès de votre bébé. Ils surviennent souvent d'un coup et sans qu'on s'y attende, entraînant des risques dans un environnement qui n'est pas adapté. Le mieux est d'anticiper sur les compétences de son bébé et de prévoir ce qu'il sera prochainement capable de faire.

- Si vous n'avez pas de lit à barreaux et que votre bébé peut sortir de son lit, veillez à aménager la chambre de façon à ce qu'elle soit absolument sans danger (prises de courant de sécurité, meubles stables, pas d'angles vifs ni d'objets pointus, etc.). Il pourra ainsi s'y promener librement.

- Dès que votre bébé commence à se déplacer seul, pensez à protéger de sa curiosité les objets auxquels vous tenez, et à protéger votre bébé des objets dangereux de la maison. Faites disparaître les plantes vertes, rangez les produits toxiques en hauteur, revoyez l'installation électrique, ne laissez aucun fil électrique traîner au sol, supprimez les objets cassables et les cendriers des tables basses, tournez les queues des casseroles vers le mur, prenez garde aux fours mal isolés, mettez un pare-feu devant la cheminée, etc.

- Le mobilier de votre enfant (chaise haute, poussette...) doit être assez solide et lourd pour qu'il ne puisse pas basculer lorsque le bébé se penche ou s'y agrippe.

- Vous trouverez dans les magasins spécialisés des objets qui vous aideront à assurer la sécurité de votre enfant : protections d'angles, cache-prises, bloqueurs de portes et de fenêtres, loquets pour placards, barrières d'escaliers...

La sécurité avant tout

Tous les conseils relatifs à la sécurité n'empêcheront certes pas un accident d'arriver. Mais si vous les appliquez, ils diminueront nettement les risques. Ils visent aussi à vous alerter et à accroître votre vigilance. Malgré toutes les campagnes d'information, il existe encore trop d'accidents imputables à la négligence. N'oubliez pas qu'une grande part des accidents ne survient pas lorsque l'enfant est seul, mais lorsque ses parents sont occupés à autre chose, au téléphone par exemple.

- Regardez votre intérieur avec un œil vigilant : s'il y a une bêtise à faire, elle sera certainement faite. Partez du principe que rien n'échappera à la curiosité de votre bébé et que vous ne pouvez plus rien laisser traîner.

- Évitez de crier «Attention, tu vas tomber !» à chaque fois que votre bébé tente de se mettre debout ou de marcher, et ce malgré son instabilité. Faites-lui confiance, ou bien il va perdre la sienne.

➲ Prévenir et éduquer

Le petit bébé devient vite capable d'escalades ou de divers retournements que l'on ne soupçonnait pas. Il faut aussi s'assurer de la totale sécurité du matériel de puériculture que l'on utilise (chaise haute stable, siège-auto sûr, etc.). Très vite, le bébé est capable de se tortiller, de se soulever, de se balancer. Vous le couchez à un bout du lit, vous le retrouvez à l'autre. Cela demande une grande vigilance de votre part.

L'éducation au danger que l'on donne à l'enfant est importante. Lui interdire de faire certaines choses est indispensable, mais lui apprendre à faire par lui-même, et en toute sécurité, ce qui peut l'être, sera tout aussi nécessaire et formateur. Plutôt que lui transmettre nos angoisses, mieux vaut l'avertir des dangers et lui apprendre à y faire face.

Étouffements et intoxications

À partir de six mois, le bébé est curieux de tout et sa découverte du monde passe souvent par la mise en bouche : il est prêt à ingurgiter tout ce qu'il trouve, sans conscience du danger...

⊙ Étouffements

Le scénario est toujours le même. Le bébé attrape un objet et le met dans sa bouche. Au lieu de le recracher ou de déglutir, il le fait passer par mégarde dans les voies respiratoires. Dans le cas d'un étranglement bénin (il a « avalé de travers »), l'enfant est pris d'une quinte de toux et devient rouge. Vous pouvez l'aider en le plaçant la tête plus bas que le corps et en tapotant son dos, de façon qu'il recrache ce qui l'étouffe.

Comment réagir ?

Le cas où l'enfant a absorbé un corps étranger qui s'est bloqué dans le larynx est beaucoup plus grave. L'enfant porte ses mains à son cou. Il respire à peine ou pas du tout, il ne peut ni parler ni tousser, il devient pâle, puis violet. Il se peut même qu'il perde connaissance. Cette situation est tout à fait effrayante, mais vu l'urgence, elle nécessite que vous gardiez cependant votre calme et le contrôle de la situation.

Si l'enfant respire

Encouragez-le à tousser et emmenez-le en vitesse au service des urgences d'un hôpital.

Si l'enfant ne peut ni respirer ni tousser

- Appelez les pompiers de toute urgence.

- Ouvrez la bouche de l'enfant et regardez, avec une lampe, si l'on voit l'objet et si l'on peut l'enlever avec ses doigts ou avec une pince. Mais attention : s'il y a un risque d'enfoncer davantage l'objet plutôt que de l'ôter, mieux vaut ne pas y toucher et tenter la manœuvre suivante.

- Pour lui faire recracher l'objet, placez-vous derrière l'enfant et tenez-le contre vous, son dos contre votre ventre. Attrapez l'un de vos poignets dans l'autre main et placez votre poing dans le creux situé juste sous les côtes de l'enfant. Appuyez de façon brusque et brève, en enfonçant vos poings et en remontant vers le haut. Si l'enfant ne recrache pas l'objet, recommencez cinq ou six fois en attendant les secours. Le but de cette manœuvre est de faire sortir brusquement l'air des poumons de l'enfant afin qu'il expulse l'objet bloqué sur son trajet.

- Même si l'enfant a recraché l'objet, emmenez-le sans tarder voir un médecin, afin qu'il détermine s'il en résulte des lésions ou des séquelles.

⊙ Intoxications

Les intoxications représentent 2 % des consultations en pédiatrie. La plupart des cas sont sans gravité mais certains nécessitent une intervention rapide et une hospitalisation. La situation se déroule toujours de la même façon. L'enfant, laissé seul un moment, est attiré par une substance qui ressemble à quelque chose qu'il aime, bonbon ou jus de fruit, ou simplement qu'il porte à sa bouche par curiosité. Or, il s'agissait de boules de naphtaline, de mégots de cigarettes, d'eau de Javel, de comprimés d'aspirine ou de somnifère.

Les principaux dangers

- Dans 90 % des cas, le produit toxique avalé par l'enfant est soit un médicament, soit un produit d'entretien.

- Dans 75 % des cas, le produit n'était pas rangé, mais abandonné à portée de main de l'enfant.

- Dans 20 % des cas, le produit dangereux était transvasé dans un emballage inoffensif (par exemple de l'essence dans une ancienne bouteille de jus de fruit).

- Les pièces les plus dangereuses sont la cuisine, la salle de bains, puis la cave, la buanderie, le garage, etc.

Comment réagir?

Deux impératifs : garder son sang-froid et téléphoner immédiatement au centre antipoison de votre région. À défaut, appelez votre médecin traitant, le médecin de garde ou les pompiers. Chaque minute compte. Au téléphone, pensez à informer le médecin de l'âge de l'enfant, de son poids, de la nature du produit absorbé, de la quantité absorbée (environ), de l'heure de l'absorption et des symptômes observés.

Ne prenez aucune initiative pour traiter votre enfant par vous-même car la conduite à tenir varie beaucoup selon les produits. Pour certains, il faut faire boire l'enfant, ou le faire vomir ; pour d'autres, cela risquerait d'aggraver la situation. Par exemple : il ne faut jamais faire vomir un enfant qui a avalé des produits corrosifs ou des produits moussants, ou bien un enfant qui s'est évanoui.

On part en vacances

Voyager avec un bébé demande des précautions, de la vigilance et de la disponibilité. Et surtout une très bonne organisation : on n'improvise plus !

➲ Le voyage en voiture

Les voyages sont bons pour les enfants : ils mettent de la nouveauté dans la routine de leur existence et augmentent leurs expériences. Mais avec un bébé de cet âge, ils demandent une solide organisation.

Ce n'est qu'à ce prix qu'ils seront effectivement positifs. L'improvisation est vivement déconseillée. D'une part parce que, si elle vous donne moins de travail avant le départ, elle risque de vous en donner davantage après. D'autre part parce que, pour un bébé, tout changement dans les habitudes est générateur d'une anxiété qui ne se transformera en plaisir que s'il vous sent rassurée, tranquille et parfaitement organisée.

Bien penser son voyage

• Chaque fois que c'est possible, privilégiez les déplacements en train ou en avion, qui sont plus confortables que les longs trajets sur la route. En voiture, tant que l'enfant est petit, le trajet sera toujours plus facile si vous l'effectuez de nuit.

• La sécurité est le premier impératif : voiture révisée, prudence et sûreté du conducteur, lit-auto ou siège-auto homologués et solidement arrimés, sont des précautions minimales. Jamais, même sur un petit trajet, de couffin ou de bébé tenu sur les genoux.

• Prévoyez dans l'habitacle tout le matériel dont vous aurez besoin : couches, biberons, petits pots, eau minérale.

• Sachez à l'avance quelles seront vos étapes et où vous passerez la nuit.

• Pensez à tout ce qui simplifie la vie : les préparations stérilisées en biberons jetables, lait en briquettes tout prêt, chauffe-biberon à brancher sur l'allume-cigare, lingettes humides, etc.

• Attention à la température dans la voiture : à l'arrêt, il peut faire une chaleur terrible le midi sur la route, ou très froid sur une route de montagne.

• N'oubliez aucun des « doudous ». Si vous êtes seul au volant, attachez tous ses petits jouets avec des chaînettes ou des ficelles qu'il apprendra vite à tirer pour les récupérer.

Attention !

Sachant que 65 % des accidents se produisent à 15 km du domicile, aucun déplacement en voiture ne doit se faire sans que le bébé soit dûment installé dans un siège auto adapté à son âge et à son poids, et bien sûr homologué. En outre, depuis 2006, les nouveaux modèles de voitures doivent être équipés du système Isofix, qui permet de fixer le siège à la banquette par trois points d'ancrage métalliques.

- Emportez de quoi écouter de la musique et passez-lui ses chansons et comptines ou ses petites histoires préférées.

➲ Partir dans le froid

- La neige réverbère le soleil : couvrez le visage du bébé de crème « écran total » et faites-lui porter des lunettes à verres filtrant les UV, spéciales pour les petits.

- L'air sec des appartements et de l'altitude peut entraîner une déshydratation. Pensez à proposer régulièrement à boire à votre bébé.

- Pour sortir, choisissez les heures plus chaudes du milieu de journée. N'oubliez ni la crème hydratante pour la peau, ni le tube de pommade anti-gerçures pour les lèvres.

- Un bébé de moins de un an qui ne fait pas d'exercice physique se refroidit très vite. Soyez vigilant.

➲ Partir dans la chaleur

- Prévoyez les indispensables : parasol, moustiquaire, porte-bébé avec pare-soleil, stores sur les vitres de la voiture, etc.

- Attention au coups de chaleur, qui peut être très dangereux : ne laissez jamais votre enfant au soleil s'il fait plus de 25 °C et habillez-le de coton léger. Pensez aussi à lui donner à boire régulièrement.

- Enduisez tout le corps de votre bébé de crème solaire. Attention aux effets du soleil en montagne, car, du fait de l'altitude, on ne sent pas toujours la chaleur des rayons sur la peau.

- Méfiez-vous des piqûres d'insectes, du sable dans les yeux, des poussées d'allergie (urticaire, conjonctivite, etc.). Si bébé fait la sieste au-dehors de la maison, pensez à la moustiquaire qui le protégera des guêpes et des abeilles.

- Si vous promenez bébé en soirée ou par temps frais, ne négligez pas de bien lui couvrir les extrémités : les pieds, la tête, les mains.

- Si bébé se déplace seul et que vous êtes à proximité d'un point d'eau (piscine, mer, rivière...), gardez-le sous haute surveillance. Le risque de noyade existe toujours, ne l'oubliez pas.

La sécurité du bébé

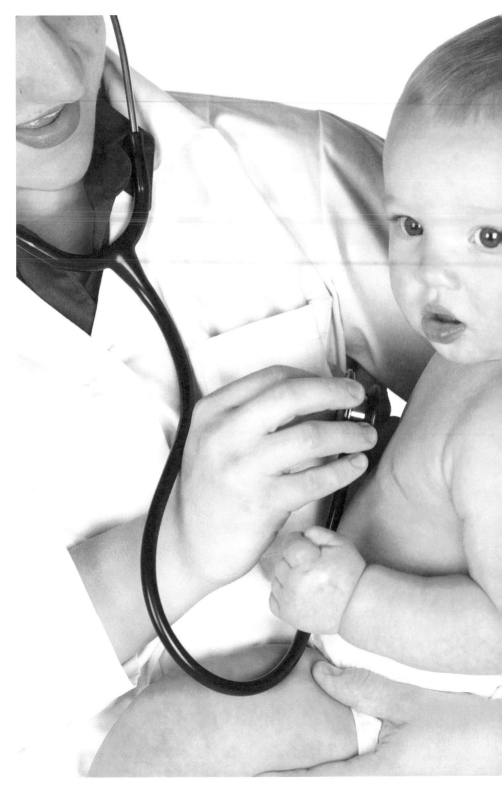

La santé
du bébé

Du choix du médecin au rôle du carnet de santé en passant par les indispensables de la pharmacie familiale, vous trouverez dans les pages qui suivent des conseils utiles pour répondre à vos questions. Vous y trouverez aussi un mémento des principales maladies infantiles et des problèmes les plus courants, assorti de conseils pour prévenir, alerter ou soulager. Mais en cas de doute, prenez toujours et sans tarder l'avis de votre pédiatre ou de votre médecin.

Le suivi médical

Le choix du médecin qui suivra votre bébé est important car vous serez appelée, les premières années, à le voir souvent et parce que l'instauration d'une relation de confiance est indispensable.

⊙ Le bébé et son médecin

En France, le choix du médecin est libre et peut se porter soit sur un médecin généraliste, qui pourra également être le médecin de toute la famille; soit sur un médecin spécialisé en pédiatrie. Une fois votre choix arrêté, il est préférable de ne pas en changer, sauf difficulté réelle, car un médecin traite toujours mieux un enfant qu'il connaît et dont il a suivi l'évolution.

Même si vous avez opté pour le médecin de la consultation du Centre de Protection maternelle et infantile, il est important que vous connaissiez un médecin qui puisse vous recevoir lorsque votre bébé est malade. Votre choix peut se fonder sur les titres du praticien, sur le bouche à oreille ou sur la qualité et la chaleur du contact.

Les points concrets importants dans le choix d'un médecin sont, à mon avis:

• que ce médecin n'habite pas trop loin de votre domicile;

• qu'il donne des rendez-vous (et ne se contente pas de plages horaires de consultations où vous devez attendre deux heures dans une salle avec un bébé fiévreux sur les genoux);

• qu'il soit disponible pour vous répondre et vous conseiller par téléphone;

• qu'il se déplace à domicile en cas de nécessité;

• qu'il prenne le temps de vous écouter et tienne compte de votre point de vue.

Les visites médicales

Certaines visites médicales sont obligatoires et donnent lieu à l'établissement d'un certificat de santé: avant le 8e jour, au 9e mois et à 2 ans. En fait, il est recommandé de faire examiner son nouveau-né tous les mois pendant les six premiers mois de sa vie, puis tous les trimestres jusqu'à l'âge de 2 ans. Ce rythme, qui fait partie d'un processus efficace de prévention, est souvent dépassé dans la réalité du fait des multiples petites infections de l'enfant.

L'attitude du bébé envers son médecin (et réciproquement) est un élément important du choix. Mais, même s'ils semblent bien s'entendre, il y a une période dans la vie de l'enfant, entre 8 et 20 mois en gros, où l'enfant hurlera à l'approche du médecin, voire dès la salle d'attente. Cela est normal et prouve que l'enfant, qui se souvient du désagrément des visites précédentes et craint les adultes qui ne lui sont pas familiers, réagit sainement.

Le carnet de santé

Le carnet qui vous est remis à la maternité est un document important qu'il ne faut pas négliger de présenter et de remplir à chaque consultation. Outre les informations sur l'accouchement et sur les jours qui suivent la naissance, il consigne les dates des vaccinations (et fait figure de document officiel sur cette question), les courbes de croissance de taille, de poids et de périmètre crânien, ainsi que tous les événements médicaux, menus ou graves, qui ont jalonné la vie de l'enfant.

Ce document est très utile, notamment chaque fois que votre enfant est amené à consulter un nouveau praticien, ou comme élément de suivi. Mais sachez que vous n'êtes jamais tenu de le présenter si vous estimez qu'il contient des informations que vous ne souhaitez pas communiquer.

Un dernier conseil : n'oubliez pas d'y mettre votre adresse (et de la modifier si vous déménagez), de le recouvrir d'une protection plastifiée (imaginez son état dans dix ans…) et de le ranger dans un endroit où vous êtes sûr de le retrouver rapidement !

◐ La pharmacie familiale

Vous aurez vite l'impression d'être devenu très compétente en maladie infantile et malaises en tous genres. Avoir une pharmacie familiale équipée des produits indispensables ne vous dispense pas de consulter mais vous permet, dans des cas bénins ou urgents, d'intervenir rapidement et de manière appropriée.

Trois points de sécurité

Il est indispensable de les rappeler car les négligences dans ce domaine peuvent avoir des conséquences très graves.

- L'armoire à pharmacie doit impérativement se situer en hauteur et fermer à clé. Le jeune enfant ne doit en aucune façon pouvoir se servir tout seul dans ce tiroir contenant des « bonbons » de toutes les couleurs et des sirops aux couleurs si engageantes… Ce conseil ne vaut que si vous ne laissez pas, par ailleurs, traîner sur la table de la cuisine les médicaments dont vous-même faites usage régulièrement…

- Vérifier scrupuleusement les dates de péremption des médicaments. Il est nécessaire de les respecter. Il sera toujours, au moins inutile, au pire dangereux, d'administrer à un enfant un médicament dont la date de conservation est dépassée ou qui est ouvert depuis longtemps, ou qui a servi à sa sœur dans un cas semblable… Les médicaments qui restent après un traitement sont à jeter ou à rapporter à la pharmacie. Attention aussi aux collyres, qui doivent être utilisés dans les 15 jours qui suivent l'ouverture. Certains sirops antibiotiques sont vendus sous la forme de poudre à diluer dans de l'eau ; ils ne se conservent pas longtemps et doivent généralement être mis au réfrigérateur pendant toute la durée du traitement.

- Le troisième point concerne l'automédication. D'une part les médicaments ne soignent pas tout, d'autre part ils ne sont pas toujours indispensables, et enfin seul un médecin peut faire une prescription efficace. N'employez aucun médicament fréquemment sans en parler à votre médecin. Ne prescrivez jamais un antibiotique de votre propre chef (vous pourriez ainsi masquer une affection plus grave). Lisez attentivement les notices. Demandez conseil au pharmacien. Et, surtout, faites confiance à l'organisme et à la bonne santé naturelle de votre enfant. Il n'est pas un malade en puissance et vous n'avez pas à intervenir à chaque alerte. Soyez attentive, servez-vous de votre jugement, et sachez que l'automédication est toujours porteuse de risques.

L'armoire à pharmacie

Voici une liste, non exhaustive mais minimale, de ce que doit contenir votre armoire à pharmacie.

• un thermomètre ;
• un paquet de coton hydrophile ;
• des compresses stériles ;
• des pansements adhésifs ;
• un rouleau de sparadrap ;
• des bandes de gaze ;

Des remèdes naturels

Les remèdes de grand-mère font très souvent la preuve de leur efficacité. Pourquoi ne pas faire à votre enfant une tisane de fleurs d'oranger ou de tilleul sucrée s'il a du mal à s'endormir ? Une poche de glace sur une bosse vaut souvent une pommade. Un bain tiède aide à faire baisser la fièvre. Une inhalation avec un sirop à base d'eucalyptus et d'essence de pin soulage bien un petit enrhumé, etc.

• du tulle gras ou une crème calmante pour les brûlures ;
• une pommade à l'arnica pour les bosses et autres hématomes ;
• des petits ciseaux ;
• une pince à épiler ;
• un antiseptique cutané ;
• un tube de vaseline ;
• des sachets d'aspirine ;
• du Paracétamol sous forme de sirop ou de suppositoires ;
• un sirop antivomitif ;
• un flacon d'éosine, pour cicatriser les érythèmes fessiers ou les plaies ;
• un flacon de Valium gouttes à 1 % ;

◉ L'enfant malade

Les courbes de taille et de poids, si elles sont des sources de renseignements importantes, ne sont qu'une des façons d'appréhender l'évolution de l'enfant et ne doivent pas faire l'objet d'une trop grande polarisation. Il existe bien d'autres indices permettant de voir si le bébé est en bonne santé physique, voire psychologique.

L'enfant en forme est naturellement gai, énergique, intéressé par son environnement et désireux de communiquer. Il aime jouer et il sourit beaucoup. Les indices physiologiques sont au vert : l'enfant mange bien, dort bien et présente des selles normales. Enfin, il a le regard éveillé et le teint frais.

Tout signe contraire à l'un de ceux-ci doit entraîner la vigilance et, à terme, une consultation médicale. Un enfant qui manque d'appétit ou qui perd du poids, qui dort mal, qui semble morne et triste, ou qui pleure beaucoup, qui a mauvaise mine, est un enfant pour lequel, même en l'absence de tout symptôme précis, il est bon de prendre un avis médical.

Il a de la fièvre

La fièvre est un symptôme très important qui angoisse beaucoup les parents. Signe que quelque chose d'anormal se passe dans l'organisme de l'enfant, la fièvre est en réalité un moyen naturel de défense du corps contre une infection. Souvent à l'origine d'une infection bénigne qui se manifestera dans les heures ou les jours suivants, une forte fièvre peut être, en elle-même, dangereuse pour un nourrisson. Aussi est-il important pour les parents de savoir comment faire baisser une forte fièvre (supérieure à 38,5 °C ou 39 °C) avant même de montrer l'enfant à un médecin et que celui-ci puisse établir un diagnostic.

Encore une fois, la fièvre est un symptôme extrêmement banal, mais du fait de l'immaturité du système de régulation thermique du bébé, elle peut avoir des conséquences très graves. Pour connaître précisément la température de l'enfant, utilisez un thermomètre médical (dont vous aurez enduit l'extrémité de vaseline) que vous laisserez environ une minute dans le rectum de l'enfant au repos. La technique de la main sur le front n'est pas efficace avec les bébés.

Que faire face à une forte fièvre?

Découvrir l'enfant et le déshabiller: pas de gilet de laine ni de grosse couverture. Une petite chemise de coton suffit, voire la nudité totale. Si vous avez un venti-

lateur, faites-le tourner. Votre bébé ne risque pas de tomber malade: il l'est déjà! En revanche, tout ce qui permettra à la chaleur du corps de se diffuser contribuera à faire baisser la fièvre.

- Lui donner à boire à volonté afin de lutter contre le risque de déshydratation. Des boissons fraîches de préférence: eau, jus de fruits, tisanes, etc.

- Lui donner un bain dont la température de l'eau est à un degré de moins que sa température corporelle et l'y laisser quinze à vingt minutes. Sinon, lui passer sur le corps un gant trempé dans l'eau tiède le rafraîchira également.

- L'envelopper dans des linges légers imbibés d'eau tiède puis essorés.

Ces moyens sont généralement tout à fait efficaces. Si vous souhaitez de plus utiliser un médicament antithermique comme l'aspirine ou le Paracétamol, soyez attentive à ne jamais dépasser les doses prescrites qui sont fonction du poids de l'enfant et figurent sur la notice.

Quand faut-il rapidement appeler le médecin?

S'il est très difficile d'apprécier la gravité d'un symptôme chez le bébé, il est néanmoins des cas où une consultation rapide s'impose. Avec un petit, il vaut parfois mieux s'être inquiété à tort que l'inverse, et aucun médecin ne vous le reprochera. Ces cas sont les suivants:

- une perte de l'appétit soudaine et importante;

- un refus de boisson;

- des vomissements violents et répétés ;

- une diarrhée brusque et importante ;

- des troubles de la conscience (coma, convulsions...) ;

- des difficultés respiratoires ;

- le bombement de la fontanelle ;

- une température supérieure à 39 °C.

En cas de doute, si votre médecin habituel est indisponible, quels que soient le jour et l'heure, vous pouvez toujours téléphoner aux numéros de médecine d'urgence. On vous passera un médecin de garde à qui vous exposerez votre problème et qui pourra soit vous rassurer soit décider d'une visite à domicile.

Les vaccinations

Les vaccinations sont une forme tout à fait extraordinaire de médecine préventive. Elles consistent à stimuler l'organisme afin que celui-ci fabrique des anticorps qui lui permettront de s'immuniser ou de se défendre contre les germes de telle ou telle maladie. Des rappels sont dans certains cas indispensables pour maintenir actif le mécanisme. Dès qu'un vaccin est fait, demandez au médecin d'inscrire au crayon sur le carnet de santé la date du prochain afin d'être sûre de ne pas la laisser passer.

- **Certaines vaccinations sont obligatoires :** diphtérie-tétanos-polio (DT polio) et BCG (les preuves des vaccinations vous seront demandées pour toute inscription en collectivité).

- **D'autres vaccinations sont facultatives, mais recommandées :** la coqueluche, la rougeole, la rubéole, les oreillons. Rassurez-vous : ces vaccins sont regroupés afin de diminuer le nombre des injections nécessaires.

- Il se peut que l'on vous propose également un vaccin contre l'Haemophilus Influenzae B, responsable de méningites rares mais potentiellement graves.

Calendrier des vaccinations

- **Diphtérie-tétanos-polio-coqueluche.** Première injection dès trois mois, deuxième injection un mois plus tard (quatre mois), troisième injection encore un mois plus tard (cinq mois). Le premier rappel se fait un an plus tard (vers quinze à dix-huit mois), puis un rappel tous les cinq ans est nécessaire.

- **BCG.** Obligatoire à partir de l'âge de six ans, ce vaccin est en fait exigé pour toute entrée de l'enfant en collectivité (crèche, garderie, école maternelle, etc.). Il est donc recommandé de le faire le plus tôt possible après la naissance. Ce vaccin ne nécessite pas de rappel, mais son efficacité est contrôlée tous les ans.

- **Rougeole-rubéole-oreillons.** Vaccin recommandé dès douze ou quinze mois. Il est parfois nécessaire de refaire un vaccin antirubéolique aux filles au moment de la puberté.

Les maladies infectieuses

On appelle ainsi un certain nombre de maladies contagieuses de l'enfance, virales ou bactériennes. La première atteinte immunise l'enfant, ce qui signifie qu'il ne peut, en général, attraper deux fois la même maladie.

◉ Rougeole

Il s'agit d'une maladie très contagieuse d'origine virale. Traditionnellement fréquente chez les enfants de tous âges, elle a tendance à se raréfier avec la généralisation de la vaccination. L'attraper une fois entraîne une immunité définitive (on ne peut l'attraper plusieurs fois). C'est une maladie le plus souvent bénigne mais très éprouvante, et qui peut entraîner parfois des effets secondaires.

• **Temps d'incubation :** 10 à 15 jours.

• **Temps de contagion :** 5 à 6 jours avant l'éruption, 4 jours après l'éruption.

• **Symptômes principaux :** fièvre élevée pendant plusieurs jours, nez qui coule, yeux qui pleurent, toux constante. La présence du signe de Kiplick permet d'affirmer le diagnostic : il s'agit de petites taches rouges à centre blanchâtre qui se trouvent sur la face interne des joues. Enfin, après trois à cinq jours, survient l'éruption de taches rouges qui, partant du visage, descend le long du corps en un jour ou deux. À ce stade, la température et la toux régressent peu à peu.

Les traitements sont symptomatiques : on soigne la toux, la rhinopharyngite et la conjonctivite. Les complications possibles sont l'otite, la bronchite, la laryngite et, beaucoup plus rarement heureusement, l'encéphalite. Si les symptômes ne disparaissent pas comme prévu, n'hésitez pas à rappeler rapidement votre médecin.

Cette maladie est très éprouvante pour l'enfant. Aussi est-il vivement recommandé de vacciner l'enfant entre 12 et 16 mois (vaccin Rouvax ou associé à d'autres vaccins), ou plus tôt si l'on a connaissance d'une épidémie débutante.

◉ Rubéole

Maladie totalement bénigne chez l'enfant et difficile à diagnostiquer avec précision (elle peut prendre des formes variées), la rubéole n'est dangereuse que si elle est contractée par les femmes enceintes au cours des quatre premiers mois de la grossesse. Il est donc, là aussi, vivement conseillé de vacciner dès la seconde année les enfants : les filles en tant que futures mères, les garçons afin qu'ils ne transmettent pas la maladie. Un rappel peut parfois être nécessaire au début de l'adolescence.

• **Temps d'incubation :** 15 jours.

• **Symptômes principaux :** légère fièvre, petite rhinopharyngite, éruption sur tout le corps, mais moins intense que dans le cas de la rougeole, augmentation du volume des ganglions lymphatiques.

L'évolution de la maladie est simple et il n'existe pas de traitement curatif. Les complications secondaires sont très rares. Un enfant atteint doit être tenu à distance des femmes enceintes non immunisées : il est donc important de prévenir le personnel de la crèche ou de l'école maternelle de la maladie de l'enfant.

⮞ Varicelle

Il s'agit d'une maladie bénigne mais extrêmement contagieuse. Une épidémie de varicelle peut décimer un service de crèche. Quand un enfant de la famille est atteint, les autres le seront également.

- **Temps d'incubation :** 15 jours.
- **Temps de contagion :** 1 ou 2 jours avant l'apparition des boutons, jusqu'à ce qu'ils soient tous couverts de croûtes (ce qui prend environ 6 jours).
- **Symptômes principaux :** malaise général, petite fièvre, petite rhinopharyngite, éruption sur la peau et les muqueuses de petites vésicules qui se dessécheront pour former de petites croûtes.

Aucun traitement n'est nécessaire pour soigner la varicelle qui passe toute seule en quelques jours. Mais les boutons démangent beaucoup et, si l'enfant se gratte, ils risquent de laisser de petites cicatrices. Des mesures simples consistent à à réduire les démangeaisons avec des médicaments antihistaminiques que votre médecin vous conseillera.

⮞ Oreillons

Maladie sans gravité mais très douloureuse, qui atteint rarement l'enfant de moins de trois ans, elle confère une immunité définitive : on ne peut l'attraper qu'une fois. Elle consiste en une infection virale des glandes salivaires.

- **Temps d'incubation :** 3 semaines.
- **Temps de contagion :** de quelques jours avant l'apparition des symptômes jusqu'à 1 semaine après.
- **Symptômes principaux :** léger malaise, douleur dans les oreilles, fièvre inconstante mais parfois élevée, maux de tête, mais surtout difficulté à mâcher et à avaler, gonflement des ganglions situés sous la langue et au-dessous des oreilles.

Les complications sont rares chez le très jeune enfant, mais nécessitent cependant qu'il soit suivi de près par le médecin traitant. Le seul traitement des oreillons consiste à limiter la douleur ressentie, notamment par de l'aspirine. Une compresse chaude sur la gorge tuméfiée peut aussi apporter un soulagement. On ne saurait trop recommander la vaccination des enfants dès l'âge de 1 an, ainsi que celle des garçons non immunisés lorsqu'ils arrivent à la puberté. Lorsqu'un vaccin bien toléré existe sur le marché, pourquoi prendre

Épidémie et incubation

Les maladies infectueuses se répandent le plus souvent par épidémies dont il est bien difficile (et pas forcément utile) de protéger l'enfant qui est en collectivité. On appelle période d'incubation la durée pendant laquelle l'enfant a contracté la maladie mais n'a pas encore de symptômes (bien qu'il soit déjà contagieux).

le risque de faire souffrir l'enfant en le soumettant à la maladie ?

⏵ Coqueluche

Il s'agit d'une maladie très contagieuse qui, toujours pénible, est franchement dangereuse pour le bébé de moins de 1 an. Aussi est-il vivement recommandé :

• de faire vacciner votre bébé dès que possible, même si l'efficacité du vaccin n'est pas parfaite (il atténue toujours la maladie) ;

• de tenir votre bébé éloigné de toute personne atteinte de cette maladie.

En effet, les quintes de toux entraînées par la coqueluche peuvent être asphyxiantes, le petit enfant ne pouvant reprendre son souffle. Les voies respiratoires sont encombrées et cela peut entraîner des arrêts respiratoires. Il convient donc d'être extrêmement vigilant.

• **Temps d'incubation :** 1 à 2 semaines.

• **Temps de contagion :** environ 1 semaine avant l'apparition des symptômes et 4 semaines après.

• **Symptômes principaux :** la coqueluche démarre comme une banale rhinopharyngite sans fièvre, avec écoulement nasal et toux. Progressivement la toux s'aggrave, devient sèche et tenace, et s'exprime en quintes caractéristiques : longues inspirations, secousses expiratoires, reprises en « chant du coq », se terminant parfois par des vomissements.

Les traitements de la coqueluche déclarée ne sont pas très efficaces : on se contente généralement de sédatifs de la toux, et il n'est pas rare que l'on observe quelques rechutes dans les mois qui suivent. L'enfant est très éprouvé par une coqueluche (son entourage également !), il souffre et a du mal à s'alimenter. Quant aux complications, elles peuvent être sérieuses à tout âge. Aussi est-il important de contribuer à l'éradication de cette maladie par la vaccination, même si celle-ci n'est pas obligatoire en France.

Les problèmes fréquents

Voici un tour d'horizon des problèmes les plus fréquents auxquels vous pouvez être confronté avec un bébé jusqu'à un an. Des brûlures aux chutes en passant par la diarrhée ou l'otite.

Angiomes

Ce sont des taches de naissance dues à la dilatation de minuscules vaisseaux sanguins superficiels. Les angiomes plans sont très fréquents à la naissance : petites taches rouges au milieu du front, à la nuque ou à la racine des cheveux ; plus foncées lorsque l'enfant crie, elles disparaissent spontanément en quelques mois. Les angiomes plans situés sur le reste du corps sont parfois beaucoup plus difficiles à faire disparaître et peuvent nécessiter un traitement chez un dermatologue, mais uniquement quand l'enfant est devenu grand.

Il existe également ce que l'on appelle des angiomes tubéreux, saillants et violacés. Après une période d'expansion, ils régressent généralement en quelques années, mais il est indispensable d'en faire surveiller l'évolution par un médecin dermatologue.

Brûlures

Elles font partie des accidents très fréquents des enfants. Les occasions de se brûler sont fréquentes : on pose sa main sur la porte du four, on attrape la queue de la casserole et on renverse sur soi le contenu, on joue avec un appareil électrique, on s'approche de la cheminée, etc. Les jeunes enfants n'ont pas conscience de ces dangers et ignorent ce que brûler veut dire. Aussi

est-ce le rôle des adultes d'être vigilant. Certaines brûlures sont peu graves : au premier ou au second degré superficiel (formation d'une cloque), elles sont peu étendues. Bien que douloureuses, elles passent en quelques jours. D'autres, en revanche, peuvent nécessiter de très longs soins. Soit parce que la brûlure est profonde, soit parce qu'elle est étendue, soit parce qu'elle touche une partie particulièrement sensible du corps.

Si la brûlure est superficielle (simple rougeur ou petite cloque) et peu étendue, vous pouvez la recouvrir de tulle gras (ou d'une compresse enduite de vaseline et recouverte d'un pansement). Cela calmera la douleur. Dès que possible, laissez la brûlure à l'air. Tout enfant victime d'une brûlure plus grave que cela doit être montré à un médecin (ou conduit le plus vite possible à l'hôpital) : lui seul peut juger de la gravité et définir le traitement approprié. Ne mettez rien sur les plaies et n'essayez pas de déshabiller l'enfant : contentez-vous de l'envelopper dans un drap de coton très propre et de le transporter rapidement.

Chutes

Autre accident très fréquent chez le jeune enfant, les chutes peuvent être anodines ou graves, selon les cas. Chez le nourrisson, le risque le plus grand est la chute du haut de la table à langer ou de la chaise haute : assurez-vous de la stabilité de cette dernière et ne laissez jamais un bébé seul sur la première. Chez l'enfant qui commence à marcher et à grimper partout, les chutes sont très fréquentes mais souvent moins graves.

Comme pour tous les autres incidents ou accidents, la réaction de l'enfant dépendra de celle de son entourage. Aussi est-il très important de garder son sang-froid et de faire preuve d'une relative sérénité. Inutile d'ajouter l'inquiétude à sa douleur.

Déterminer la gravité d'une chute

Certains signes imposent une consultation médicale immédiate (médecin ou hôpital) : perte de connaissance, même brève, vomissement, saignement de la bouche, du nez ou des oreilles, impossibilité de bouger un membre ou gonflement de ce membre. Les chutes sur la tête sont les plus inquiétantes et nécessitent une surveillance attentive de l'enfant pendant 48 heures. En revanche les bosses les plus courantes ne nécessitent aucun traitement particulier. Une compresse froide (un glaçon enveloppé dans un tissu par exemple) stoppe le développement de l'hématome.

Conjonctivite

Il s'agit d'une inflammation de l'œil très fréquente chez l'enfant. Elle accompagne notamment fréquemment une rhinopharyngite. Très contagieuse, elle touche souvent l'enfant en collectivité. Les symptômes sont faciles à repérer : l'œil coule, il arrive qu'il suppure et soit collé lors du réveil de l'enfant. La conjonctivite peut être due à un virus ou à un microbe. Dans les premières semaines de la vie, une conjonctivite récidivante peut faire penser que le canal lacrymal est bouché, favorisant l'infection et l'accumulation des larmes. Pour nettoyer l'œil, il suffit de passer doucement un coton imbibé d'eau bouillie tiède (un morceau de coton différent pour chaque œil, glissé du coin interne au coin externe de l'œil). Le médecin, qui doit être consulté, prescrira le plus souvent un collyre à administrer plusieurs fois par jour à l'enfant.

Coup de chaleur

Il survient chez un jeune enfant que l'on a laissé longtemps exposé à une température élevée. L'exemple type est le bébé qui passe un long temps dans une voiture arrêtée au soleil. Les symptômes sont les suivants : température élevée brusquement, mal de tête, parfois vomissements. La conduite à tenir est la même que face à toute forte fièvre : déshabiller l'enfant, le rafraîchir et lui donner à boire. La prévention consiste à éviter de laisser l'enfant exposé longtemps à une chaleur étouffante et à lui donner toujours beaucoup à boire afin d'éviter la déshydratation.

Coups de soleil

Les coups de soleil peuvent occasionner des brûlures graves, ainsi que d'autres effets secondaires : température, vomissements, etc. Il est impossible de savoir à partir de quel moment la peau de l'enfant commence à brûler. En effet, elle ne deviendra rouge que quelques heures plus tard. Aussi est-il très important de prévenir efficacement les coups de soleil de l'enfant.

Si le soleil est fort, l'enfant ne doit être exposé que très progressivement, quelques minutes seulement les premiers jours. Il doit impérativement garder un chapeau et une chemise.

Toutes les parties non couvertes de son corps doivent être enduites d'une crème solaire de type «écran total» (ne vous fiez pas aux indices: ils changent d'une marque à l'autre). Enfin, ne le sortez pas aux heures les plus chaudes de la journée.

Si malgré toutes ces précautions votre enfant attrape un coup de soleil important, notamment sur la figure, n'hésitez pas à consulter un médecin.

◉ Diarrhée

Caractérisée par des selles plus nombreuses et liquides, la diarrhée des petits enfants est fréquemment causée par une infection d'origine virale (type gastro-entérite) ou une intolérance alimentaire. Si la diarrhée est importante et l'enfant très jeune, ou encore si la diarrhée s'accompagne de vomissements ou de sang dans les selles, il est important de consulter rapidement un médecin. La diarrhée peut être dangereuse pour le jeune enfant, surtout du fait du risque de déshydratation: veillez à donner beaucoup à boire au bébé.

Pour réduire les diarrhées

En attendant la consultation médicale, il est recommandé de mettre toujours en place le régime suivant:

• supprimer le lait et les laitages;

• faire des repas à base de carottes, farine ou bouillies de farine de riz, bouillons à base d'eau de riz, tapioca ou poudre de caroube, pommes et poires cuites, gelée de coing, banane bien mûre. (Pour en savoir plus, reportez-vous en page 97.)

◉ Infection urinaire

Fréquente chez les enfants même très jeunes, et plus particulièrement chez les petites filles, l'infection urinaire se traduit parfois par peu de symptômes visibles. L'enfant n'informe pas forcément d'une brûlure ou d'une difficulté à uriner! Chez l'enfant propre, on constate fréquemment un refus à uriner ou au contraire des demandes très fréquentes. L'autre symptôme fréquent est une fièvre isolée, sans signe de rhinopharyngite, parfois accompagnée d'une stagnation de la courbe de poids et de troubles digestifs. Seule l'analyse d'urine permettra un diagnostic sûr. La cause peut être une autre infection (érythème fessier, infection vaginale, infection intestinale, etc.), mais elle peut également être une lésion anatomique. C'est ce que l'on recherchera par une radio si les infections urinaires se reproduisent. Le traitement se fait par antibiotiques. Des analyses d'urine de contrôle sont nécessaires.

◉ Jaunisse

Lorsqu'elle est appelée «ictère physiologique du nouveau-né», la jaunisse touche le bébé dans les deux ou trois jours qui suivent la naissance. Il s'agit d'un événement tout à fait bénin et qui se résout rapidement. Si la jaunisse est intense (la peau du bébé est plus ou moins jaune), le bébé est l'objet d'une surveillance pendant quelques jours. Sa cause en est l'immaturité du foie du bébé et elle disparaît spontanément en quelques jours, sans que le bébé en soit perturbé.

Chez l'enfant plus grand, la jaunisse est une maladie contagieuse, le plus souvent due au virus de l'hépatite. Elle est fréquente dans l'enfance et bénigne. Les symptômes principaux sont un malaise, une petite fièvre, des vomissements, une douleur au ventre, une perte de l'appétit et une grande fatigue, puis la coloration en jaune du blanc des yeux et de la peau (plus ou moins selon l'intensité de la jaunisse). La maladie dure deux semaines minimum pendant lesquelles l'enfant doit se reposer. Le médecin vous indiquera quel régime alimentaire lui faire suivre et combien de temps le maintenir.

Laryngite

Fréquente chez le jeune enfant, la laryngite peut prendre des formes impressionnantes. Le larynx est un tube où transite l'air pour se rendre dans les poumons et joue un rôle essentiel dans la parole (il contient les cordes vocales). Son inflammation, due à un virus ou à une bactérie, entraîne un rétrécissement qui rend difficile la respiration. L'enfant, sans signe prémonitoire inquiétant (juste une rhinopharyngite banale), se retrouve avec une toux sèche, une voix rauque et une respiration sifflante, comme si l'air ne pouvait plus passer et que cela risquait d'entraîner un étouffement. L'évolution de la laryngite est rapide et le plus souvent bonne, mais elle nécessite une intervention médicale, d'autant plus urgente que l'enfant est jeune et qu'il respire difficilement.

En attendant le médecin, il est avant tout important de faire taire son angoisse et de rassurer l'enfant, car l'inquiétude partagée ne fait qu'empirer les choses. Pour faciliter sa respiration, la solution consiste à humidifier l'air qu'il respire. On peut faire une inhalation, mais il semble plus efficace de s'enfermer avec l'enfant dans la salle de bains et de laisser couler l'eau chaude pour former de la vapeur. Il arrive que l'état de l'enfant ne s'améliore pas et que le médecin décide d'une hospitalisation, mais le plus souvent la crise cède en deux ou trois heures. Si les récidives sont fréquentes, un traitement préventif pourra être envisagé.

Morsure de vipère

Il faut agir très rapidement. L'enfant va vite se sentir mal et le membre mordu va enfler beaucoup et de manière très douloureuse. Le seul traitement est le sérum antivenimeux de l'Institut Pasteur. Vous devez absolument vous munir d'une seringue de sérum auto-injectable si vous partez en campagne, mais cette injection sous-cutanée ne vous dispense nullement de vous rendre rapidement chez un médecin ou dans un hôpital. Si vous ne possédez pas de sérum avec vous, allongez l'enfant en lui demandant de ne pas bouger et faites un garrot moyennement serré entre la morsure et le cœur. Faites-lui boire de l'eau et, si possible, du café ou du thé fort. Emmenez-le de toute urgence chez le médecin ou à l'hôpital le plus proche.

Muguet

Il s'agit d'une affection qu'il est bon de connaître, car beaucoup de mères se trompent sur les symptômes et tardent à consulter, alors que le bébé est gêné. La cause du muguet est une levure des muqueuses qui provoque de petites lésions blanchâtres à l'intérieur de la bouche. Le bébé a du mal à téter et à déglutir, au point qu'il refuse parfois de s'alimenter. Dans un deuxième temps, le muguet non traité peut gagner tout le tube digestif, entraînant des vomissements, une diarrhée et un érythème fessier important.

Une consultation médicale s'impose rapidement. Les traitements dont on dispose aujourd'hui sont tout à fait efficaces, mais ils nécessitent d'être appliqués avec beaucoup de soin et pendant un temps suffisamment long, afin de prévenir les récidives.

⊙ Otite

Il s'agit d'un terme peu précis qui qualifie des inflammations de l'oreille qui peuvent être très diverses. La plus fréquente, l'otite moyenne aiguë ou chronique, survient fréquemment au cours d'une rhinopharyngite. Il arrive que certains enfants ne s'en plaignent pas, mais il faut savoir qu'une otite peut être extrêmement douloureuse. Si l'enfant déjà grand peut manifester qu'il a mal à l'oreille, le plus jeune traduira cette inflammation par de la fièvre, des cris, des troubles du sommeil, de l'alimentation ou de la digestion, un écoulement de pus dans une oreille. Si ces signes surviennent lors d'une rhinopharyngite, il est important de consulter afin que le médecin puisse examiner les conduits auditifs de l'enfant.

En attendant de voir le médecin, la douleur peut être soulagée par un antalgique à base d'aspirine ou de Paracétamol, ou par un suppositoire d'anti-inflammatoire (type Nifluril Enfant) si votre médecin lui a déjà prescrit ce médicament. L'otite et ses différents symptômes cèdent rapidement aux antibiotiques. Il arrive également que le médecin propose une paracentèse, qui soulage également rapidement l'enfant.

Si un enfant fait des otites à répétition, ce qui est fréquent en collectivité, on pourra rechercher la présence d'un terrain allergique. On suggérera parfois l'ablation des végétations ou la pose de petits drains (yoyos).

⊙ Orgelet

Fréquent chez les enfants, l'orgelet est un bouton de type furoncle qui se situe au bord de la paupière et se présente comme une infection de la racine d'un cil. La paupière est rouge, gonflée et douloureuse. La plupart des orgelets guérissent tout seuls si l'on prend garde de ne pas y toucher (attention à ce que l'enfant ne porte pas la main à sa paupière). Arracher le cil infecté, lorsque le furoncle est mûr, avec une pince à épiler, peut aider à une résolution plus rapide. N'appliquez ni crème, ni compresse, ni pommade. Seul un médecin pourra vous recommander un traitement approprié si la guérison ne survient pas rapidement ou que l'enfant a des orgelets en série.

⊙ Piqûres d'insectes

Les piqûres de moustiques, d'aoûtats, d'araignées sont sans risque pour la santé de l'enfant. Les démangeaisons peuvent être importantes et justifient l'emploi de produits répulsifs. En revanche, les piqûres de guêpe et d'abeille peuvent être dangereuses. Les conséquences biologiques sont très variables selon les individus, de la réaction locale de douleur violente avec formation d'un bouton aux réactions générales sévères (œdèmes, vomissements, chute de tension, etc.). L'abeille laisse son dard planté dans la peau. Il faut le retirer rapidement en grattant ou en l'attrapant avec une pince à épiler, mais jamais en pressant autour de la piqûre, ce qui aurait pour effet d'aider à la diffusion du venin.

L'attitude générale consiste ensuite à désinfecter l'endroit de la piqûre, puis à appliquer du vinaigre ou une solution de bicarbonate de soude sur un mouchoir humide. Un glaçon enveloppé dans un morceau de tissu et pressé sur la piqûre a un effet calmant sur la douleur. Si vous possédez un sirop antiallergique de type Polaramine ou Primalan, vous pouvez en donner une cuillerée à café à votre enfant. Mais l'essentiel est de surveiller la piqûre afin de pouvoir intervenir rapidement et consulter un médecin si des réactions allergiques importantes survenaient.

Enfin, si la piqûre a eu lieu dans la bouche de l'enfant ou s'il a été piqué plusieurs fois, il peut être indispensable d'appeler immédiatement un médecin ou de se rendre à l'hôpital le plus proche.

Plaies et coupures

Les petites plaies ou coupures que se font les enfants doivent être lavées soigneusement avec du savon (le savon liquide antiseptique ne pique pas) et de l'eau tiède, en prenant soin de retirer toute trace de terre, de sable ou d'impuretés. Appliquez ensuite du mercurochrome, puis protégez la plaie avec un pansement. Dès que possible, laissez la plaie à l'air : elle cicatrisera plus facilement.

Si la plaie de l'enfant est importante, saigne beaucoup, se trouve sur le visage, suppure ou forme une cicatrice douloureuse, consultez rapidement un médecin. N'oubliez pas qu'une plaie qui doit être suturée doit l'être dans les trois heures qui suivent. Les morsures de chien, si elles sont assez profondes pour faire saigner, doivent être soigneusement désinfectées, mais jamais suturées.

Rhinopharyngite

Il s'agit de ce qu'on appelle plus communément un rhume, le plus souvent d'origine virale. Très contagieuse, l'infection se répand rapidement dans les collectivités. Les symptômes sont un écoulement nasal (puis éventuellement un nez bouché, tant que l'enfant ne sait pas se moucher), une rougeur de la gorge et du pharynx et une fièvre parfois élevée pendant deux ou trois jours. Rien de cela n'est grave et passe généralement tout seul en quelques jours, avec l'utilisation d'un antithermique habituel pour faire baisser la fièvre et en aspirant et lavant régulièrement les narines du bébé. La médecine, en effet, ne dispose actuellement d'aucun moyen pour lutter contre ces virus.

Le problème des rhinopharyngites est qu'elles dégénèrent souvent, du fait d'une prolifération microbienne. On assiste alors à des surinfections nécessitant une consultation médicale et que l'on devra le plus souvent traiter par des antibiotiques. Les signes qui font penser à une surinfection sont les suivants :

• l'écoulement nasal devient épais et vert ;

• la fièvre persiste après trois jours ;

- une toux quinteuse et grasse apparaît ;

- une douleur d'oreille laisse supposer une otite.

Toux

La toux n'est pas une maladie mais un symptôme. Elle témoigne qu'il existe une infection des voies respiratoires supérieures, mais celles-ci sont de nombreux types. La toux peut apparaître en association avec d'autres symptômes, comme dans la rhinopharyngite, ou bien être le symptôme principal. Certaines toux sont utiles et productives : en toussant, l'organisme de l'enfant se défend contre les microbes ou élimine le mucus qui occupe l'arrière-gorge, permettant une meilleure circulation de l'air. Il n'est pas recommandé de les supprimer. D'autres toux sont sèches, irritantes, et si fortes la nuit qu'elles empêchent l'enfant (et sa famille...) de dormir. Dans ce cas-là, le médecin peut prescrire un antitussif.

Vomissements

Les vomissements sont un symptôme et non une maladie. Un vomissement isolé peut être le signe bénin d'un malaise passager, tandis que des vomissements nombreux et importants peuvent, dans certains cas, mettre la vie d'un nourrisson en danger. Rejet violent du contenu de l'estomac, le vomissement ne doit pas être confondu avec les simples régurgitations de lait du bébé après la tétée.

Des vomissements violents, fréquents et précoces peuvent, chez le nouveau-né, faire penser à une sténose du pylore, laquelle nécessite une intervention chirurgicale bénigne. Il peut s'agir plus simplement de la béance du cardia, clapet qui joint l'œsophage et l'estomac, chargé d'empêcher les reflux. Le traitement consiste à protéger l'œsophage de l'enfant de l'acidité des reflux, à prescrire un médicament pour calmer la motilité de l'estomac, à épaissir son alimentation et à le faire dormir sur un plan légèrement incliné. Les choses rentrent dans l'ordre spontanément en 10 ou 12 mois.

Chez l'enfant plus grand, les vomissements occasionnels accompagnent volontiers différentes sortes d'affections : otite, rhinopharyngite ou autre, et n'ont parfois rien à avoir avec des problèmes abdominaux. La consultation peut attendre tant que les vomissement sont les seuls symptômes. Elle s'impose s'ils sont associés à de la fièvre, une diarrhée, des maux de tête ou des douleurs abdominales, ainsi que s'ils suivent un traumatisme. Elle est d'autant plus urgente que l'enfant est petit. Les causes des vomissements peuvent être très nombreuses. Seul le médecin pourra démêler les causes infectieuses, gastriques, alimentaires, ou autres. En attendant de le voir :

- stoppez toute alimentation ;

- donnez à boire à l'enfant à volonté afin d'éviter la déshydratation ;

- si vous en avez, donnez à votre enfant quelques gouttes de Primpéran ou de Vogalène (2 gouttes par kilo de poids, trois ou quatre fois par jour).

IL Y A UN AN

Ce tout-petit dont la fragilité vous émouvait et vous inquiétait si fort a désormais un an. Douze mois d'apprentissage, d'éveil, d'éducation, de soins et de tendresse. Cinquante-deux semaines de vie commune pendant lesquelles vous avez appris à vous connaître. Vous repensez sans doute avec émotion à ces premières heures où l'on vous a mis votre bébé dans les bras. C'était hier, et pourtant vous avez parcouru tant de chemin tous les deux, tous les trois. Le nouveau-né vagissant est devenu un petit enfant à la personnalité affirmée. Cette année est sans doute la plus importante et la plus formatrice de toute sa vie. Quant à vous, vous êtes devenus parents.

En douze mois, il a eu le temps de nouer des liens avec ses proches. Sa mère, si elle reste une personne privilégiée, n'est pas le seul objet d'amour et son père a pris une très grande importance. L'enfant connaît l'heure de son retour et l'attend avec impatience pour entamer des jeux qui n'appartiennent qu'à eux. Au fil des mois, sa personnalité s'est affirmée. Certains traits lui viennent de vous, ses parents, sans que l'on sache bien s'il en a hérité ou s'il les a copiés. D'autres ne tiennent qu'à lui. Vous avez

appris à en tenir compte pour ne pas le brusquer, tout en ne vous laissant pas manipuler par ses oppositions systématiques. Vous savez qu'elles font partie de son développement. Avec son tempérament, ses accès de rage, avec ses goûts et ses refus, mais aussi avec sa merveilleuse adaptation à votre existence, il tient désormais une place à part entière dans la famille.

La seule chose qu'il craigne vraiment, c'est de perdre votre amour. Aussi est-il très angoissé dès qu'il sent qu'il est allé trop loin. C'est dans ces moments-là qu'il a le plus besoin que vous le preniez dans vos bras en lui murmurant dans le creux de l'oreille. Avec douceur et fermeté, vous le faites progressivement passer d'un monde du plaisir, où tous ses besoins peuvent être satisfaits, à un monde de la réalité où il faut faire la part entre les désirs réalisables et les autres.

C'est le rôle de la première discipline (dont le sens vient du mot disciple, ne l'oubliez pas). Il ne serait pas souhaitable de lui laisser croire qu'il a tous les droits et que tout est possible. À un an, il peut commencer à tenir compte des limites que lui imposent la réalité ou la présence des autres.

TABLE DES MATIÈRES

Le moment de la toilette

Le bain

Les soins du corps

La famille change

Une place pour chacun

Premières séparations

Le sommeil du tout-petit

Le sommeil du nourrisson

Quand le bébé grandit

L'objet transitionnel

Des aliments nouveaux

Un changement en douceur

Ses repas au fil des mois

Le repas au quotidien

Bébé grandit

Le jeu et les jouets

La naissance du langage

Un être social

Imprimé par Unigraf en Espagne
Pour le compte des éditions Hachette Livre (Marabout)
43, quai de Grenelle – 75905 Paris Cedex 15
Achevé d'imprimer en novembre 2014
ISBN : 978-2-501-09565-5
8855580/02
Dépôt légal : septembre 2014